法律家のための科学捜査ガイド
その現状と限界

平岡義博 著

法律文化社

推 薦 文

　本書の著者，平岡義博氏は，京都府警の科学捜査研究所（以下，「科捜研」）に33年間勤務され，2011年3月に退職されたベテランの鑑定職員です。

　科捜研は，テレビドラマでも扱われ，科学捜査の中核として注目されていますが，その実態はこれまで必ずしも明らかではありませんでした。本書は，その警察組織内での位置づけや職員の地位・処遇について詳しく紹介するとともに，率直に問題点を指摘し，さらにその改革の方向を示しています。これらを通じて，著者の科捜研に対する熱い思いが伝わってきます。

　本書の圧巻は，科捜研が実際に行っている各種の科学捜査について，具体的に解説しているところにあります。わが国の科学捜査の到達点が，その限界を含めて分かりやすく示されているといえます。現在は，とりわけDNA型鑑定に重点が置かれているという指摘が興味深いところです。

　筆者は，これまで科学捜査と刑事鑑定を研究のテーマの1つとしてきましたが，本書における著者の「科捜研の職員が鑑定に専念し，科捜研の中立性・独自性を発揮するには，警察部外に出ることが最善の姿かと思います」，「警察部内にあるよりも裁判所の中とか，その他の独立法人に移すなどして中立性を保証し，秘密保持の職務倫理を徹底させた上で捜査側からも弁護側からも鑑定嘱託を受けることができるようになれば，司法全体の利益になると考えられます」という提言は，筆者の年来の主張に沿うもので，大いに意を強くしているところです（浅田和茂「科学証拠」村井敏邦ほか編『刑事司法改革と刑事訴訟法・下巻』〔日本評論社，2007年〕789頁参照）。

本書が，警察官，法曹，刑事法研究者のみでなく，広く一般市民の方にも読まれて，わが国の科学捜査の現状と限界が知られ，さらに今後の改革と発展につながることを願ってやみません。

立命館大学教授
浅田　和茂

はじめに

　この本は，本当の科捜研（科学捜査研究所）を知り，その現状を直視することが，今後の発展につながり，法律家の方々の参考になると考え執筆しました。

　最近の科学捜査への関心は高く，新聞紙上でも事件の犯人像への関心に加え，「証拠は何か」といった根拠が問題になってきています。テレビドラマの「科捜研の女」の影響か，一般市民に広く「科捜研」の名称が知れ渡るようになり，警察内に科学で捜査する部署があることを初めて知ることになった方々が多かったのかもしれません。しかしながら，「科捜研の女」はあくまでもドラマであり現実ではありません。それを鵜呑みにして科学捜査万能主義のような風潮があるとすればそれは是正しなければなりません。

　同じような現象はアメリカでも起こっていると報じられています。それによると「『CSI（科学捜査班）』を見た陪審員が，現実とかけ離れた証拠の基準（科学的証拠を過大視，必要以上に科学的証拠を要求するなど）を抱くようになり，たとえ複数の目撃証人がいても，科学的証拠なしでは有罪判決を拒否するようになる傾向がある」というものです[1]。

　科学捜査への幻想は一般市民だけでなく現場の警察官にもあり，強いて言うなら検事・弁護人・裁判官にも見られる現象です。たとえば警察官の中には，科学捜査の「科学」という意味をよく理解されていない方が少なからずいました。彼らの中には科学捜査をマジックのように考え「何か薬品を加えればたちどころに白黒が判断できる」とか「ブラックボックスの中に未知の物を入れて何か難しいことをして，パッと蓋をあけると結果がでている」など，理由はわからないが便利な道具と認識されていた方もいました。弁護人の中には，

DNA型鑑定が出ただけで裁判闘争への意欲をそがれてしまう方もいるようです。また裁判官の中には「権威ある学者の鑑定または科捜研の鑑定だから信用できる」と丸呑みされている方もいらっしゃる感も否めません。

　科学は真実を解明する方法ですが真実そのものではありません。なぜなら科学は日々発展するもので，その時に真実とされた事柄でも後に間違いであったと判明することもありうるからです。ですから科学はその時点では限界があるということをまず認識すべきなのです。

　「『大先生』と呼ばれる鑑定人に鑑定してもらえば必ずわかる」という「カリスマ」的な鑑定官の鑑定は宗教家と大差ないと考えるべきです。なぜなら，その人にしかわからない方法というのは科学ではないからです。科学的な証明は他の専門家が分析しても同じ結果が得られることが前提で，どんな権威ある鑑定人が難しい言葉を並べ，ある結論を導いたとしても，他の専門家がその結果を再確認できなければ証拠としての価値は認められないのです。

　最近，鑑定の中身に踏み込み疑義を唱える学者や専門家の動きがみられるようになってきました。[2]公判において訴追側，弁護側ともに専門家の証人をたて反論する場面が今後は大いにありうると考えられます。そのような時代に備え司法関係者は科学鑑定への理解を深める必要があります。また科学捜査研究所では，有用な証拠は証拠として自信を持って証言できるよう，鑑定方法の統一や鑑定環境の整備を進める必要があります。鑑定方法を「捜査上の秘密」として公にしないのであれば鑑定の科学性・信頼性が疑われることになり，積極的に可視化し認証を得るよう努める必要があります。また鑑定において，結論に至る過程で記録されたグラフなども科学的な根拠として積極的に鑑定書に添付するべきでしょう。オープンにするのは鑑定方法であり，実際の鑑定結果や関係者名などは公判以外では公開せず，プライバシーを厳守することは言うまでもありません。

　この本で私は，科学捜査への幻想を払拭し，常に科学鑑定には限界が付きま

とうことを述べようと思います。主に司法に携わる方々を対象に，できるだけわかりやすく記述したつもりですが，文中には専門的な図表や数値も掲載しています。それらの説明はどうしても専門的になりますので割愛しました。

　科学捜査を本当に知るには，その鑑定の中身とその限界を知らねばなりません。

　本書を通じて，皆さんが本当の「科捜研」に接し，理解を深める一助になれば幸いです。

〔註〕
1） 日刊リベタ（2012・7・12）
2） 杜祖健・河合潤・小田幸児・石塚伸一「講演・刑事裁判と科学鑑定——和歌山カレー事件における科学鑑定の意味」龍谷法学46巻4号（2014）pp.383-448

目　次

はじめに

1章　科捜研成立と存在意義 ───── 001

2章　科捜研の所在地 ───── 004
1　全国の科捜研 ───── 004
2　警察組織の中の位置 ───── 005

3章　科捜研の立場 ───── 007
1　鑑定とは何か ───── 007
2　捜査（検証）と鑑定 ───── 008
3　鑑識と科捜研の関係 ───── 009
　指紋鑑定／足こん跡鑑定／写真係の業務／機動鑑識隊の業務／機動鑑識隊警察犬係／裁判所への証人出廷
4　鑑定と研究 ───── 020
　警察内部での研究に対する考え方／研究費／法科学研修所の研究科／個人評価／科捜研と科警研（科学警察研究所）の関係

4章　科捜研の業務 ───── 026
1　人事構成 ───── 026
2　法医科 ───── 028
　DNA型鑑定／顔画像鑑定
3　化学科 ───── 046
　薬毒物鑑定／工業製品鑑定／自然由来物鑑定
4　物理科（工学科） ───── 094
　火災鑑定／銃器弾丸鑑定／交通事故解析／画像解析

    5 文 書 科 ·· 103
        筆跡鑑定／不明文字鑑定／印章鑑定
    6 心 理 科 ·· 106
        歴　史／証拠能力／ポリグラフ検査の実際

5章　鑑定資料の管理 ─────────────── 113
    1 鑑識資料の採取から鑑定，返却までの流れ ···················· 113
    2 Chain of Custody（略称：CoC，管理の連鎖） ················ 116
    3 返却資料の管理 ·· 117

6章　鑑定の品質 ────────────────── 120
    1 鑑定法の統一 ·· 120
    2 鑑定職員の採用試験・人事異動 ·································· 122
    3 鑑定倫理 ·· 124
    4 科捜研の予算 ·· 126
    5 科捜研施設の品質 ··· 129
    6 アメリカの状況 ·· 130
        FBI研究所／米国科学アカデミー（NAS）による法科学への勧告

7章　科捜研の中立性・信頼性を保証するために ───── 138
    1 科捜研の中立性に関する課題 ····································· 138
    2 科捜研の信頼性に関する課題 ····································· 139
    3 組織改革の必要性 ··· 141
        中立性の保証／責任問題／鑑定責任と捜査責任の分離

あとがき
別　　表
事項索引

1章
科捜研の成立と存在意義

最初の科学捜査は19世紀末，イギリスで行われました。……科学捜査を実施したのはシャーロック・ホームズ。彼は現場血液が人間のものか獣かを判別する試薬を開発，
靴に付着していた土砂からどこの土砂かを推定，
犯罪に毒物（筋弛緩剤）が使用されたことを解明，
犯罪現場で血液指紋を検出，
筆跡や筆圧から性格を推定，
現場周辺の足痕跡から犯人の侵入・逃走経路を推定，
捜査員達が無造作に殺人現場に立ち入ったため証拠物が破壊されたと嘆く[1]。

図1-1　シャーロック・ホームズ

　これは物語の中の話ですが，当然，当時のロンドン警視庁も捜査に科学を取り入れていました。科学捜査はシャーロック・ホームズが先かロンドン警視庁が先かとなると，これは微妙な問題です。それはともかくその当時，イギリスでは科学を取り入れる時代背景があったということです。アーサー・コナン・ドイルが「シャーロック・ホームズ」を著した19世紀末から20世紀初頭は，イギリスが産業革命を成し遂げ絶頂期を迎えた時代なのです。この頃，物理学も大きく進歩しました。日本では日清・日露戦争の時代です。

　1888（明治21）年，東京大学医学部に裁判医学教室が設置され，1908（明治41）年には日本の警察でも指紋を個人特定に使うなど，科学を取り入れた犯罪捜査が開始されました。しかし科学捜査研究所のようなまとまった組織は終戦を待たねばなりませんでした。

　1948（昭和23）年，刑事訴訟法が制定されました。これは民主国家にふさわ

しい警察のありかたを実現するための重要な法律です。戦前の刑事訴訟法と比べてみると次のとおりです。

　第一に，警察は独立した犯罪捜査の一次捜査機関となり捜査を行うこととなったことです。それまでは警察は検察の指揮のもとで補助的な立場で捜査を行っていました。現在は，検察の指揮のもとで警察が捜査をしますが，まず最初に事件の捜査を行い，検察は二次的な捜査（つまり補充捜査）を行うこととなったのです。

　第二に，「証拠裁判主義」。つまり，証拠に基づいて正しく裁こう，ということで犯罪事実を証拠に基づいて認定することとなったのです。神のお告げで裁くことは勿論，拷問や脅迫によって自白させることはダメというわけです。証拠のなかでも物的証拠（物証）が重要とされるようになってきました。

　物証と対比されて考えられがちな自白は，人的証拠（人証）でその中でも直接証拠というものです。自白というのは「本人しか知らない事実の吐露」と捉えられ，これがあれば事件は一気に解決，という気分が捜査にあります。自白によって共謀者がわかったり死体を埋めた現場がわかったりするからです。ですから自白は「証拠の王様」といわれてきました。しかし行き過ぎた自白の強制や自白の偏重によって冤罪がおこった過去の例から，「自白はよくない証拠だから物証で裁判すべきだ」という意見もありますが，法令を順守して適正に取り調べ，任意性を立証した自白は公判で採用されてきました。しかし，警察では取調室のような密室で長時間調べるのはよくない，ということで取調べ時間を制限したりビデオカメラでその状況を撮影したりするなど，取調べの可視化で行き過ぎを防止するとともに自白供述の任意性を効果的に立証しようと努力しています。

　一方，刑事の中には，被疑者が全くの否認で送致（事件化して検察庁へ送ること）が難しい事件が，科捜研の鑑定の結果，被疑者がクロ（犯人）と認定できた時に「科捜研なんかに助けられた」と嘆く人もいます。「ホシ（被疑者）を落とす（自供させる）のは刑事の面子だ」と考えている人です。しかし有能な刑事や取調官は科捜研の鑑定を非常に重要視しています。それは，決め手となる物証が得られるだけでなく，有効な物的情報や補強証拠をもって取調べにあたることで，被疑者から有用な供述を得ることができるからなのです。

犯人を「被疑者」「容疑者」などと呼ぶことがありますが，ここで犯人の呼び方を整理しておきます。基本的には「容疑者」＝「被疑者」ですが、捜査機関では「容疑者」とは捜査の過程で浮上した犯人の可能性がある者で確実な証拠が無いなどのため未だ検挙または逮捕できていない者のことであり，「被疑者」とは犯人性を支持する証拠をもとに捜査機関により検挙または逮捕された者と考えています。事件の「参考人」とは被害者の家族や友人などで犯罪には関わりの無い者と捉えられますが，容疑性が否定できないケースでは容疑者として事情聴取することになります。ちなみに検挙とは捜査機関が容疑者を犯人と特定し，検察庁へ事件送致するなど必要な捜査を終了したことを言います。在宅での取調べや任意同行の上，取調べ容疑が固まったとして検挙する場合と，裁判官が発付する逮捕令状に基づき逮捕する通常逮捕及び犯罪現場での現行犯逮捕があります。逮捕においては身柄の拘束を伴います。さらに警察から検察庁に送致され検察庁から嫌疑ありとして起訴されると，その後は裁判で結審するまで「被告人」と呼ばれます。

　刑事訴訟法の制定で，事件の真実を明らかにするには証拠がなければならないことが示され，これを実現するため，昭和20年代後半以降に各府県に科学捜査に関する部署が設置されました。「科学捜査係」や「科学捜査研究室」などの名称を経て「科学捜査研究所」が誕生しました。もともとは鑑識課の中に設置されましたがその後，分離独立したのです。「独立した」というのは言いすぎかもしれません。現在でも庶務や予算面では鑑識課と抱き合わせになっている府県も少なくないからです。

〔註〕
  1）コナン・ドイル（小池滋訳）『シャーロック・ホームズ全集　第1～21巻』東京図書（1986）

2章 科捜研の所在地

1 全国の科捜研

　科捜研は各都道府県（以下「府県」と記す）にあります。基本的には県庁所在地の警察本部内にありますが、合同庁舎や独立庁舎に設置されている場合は県庁所在地以外の都市に所在する府県もあります。なお、北海道では警察本部の科捜研のほか、函館・旭川・釧路・北見の方面本部鑑識課に科学捜査研究室があります。

　興味のある方は各府県警察本部のホームページに科捜研の業務などが紹介されていますので、是非ご覧になって下さい。また実際に見たいという方は、警察本部の広報応接課に科捜研の見学を申し込まれるとよいでしょう。

　しばしば「科捜研」と間違われるのが「科警研」つまり科学警察研究所です。科警研は国の機関、つまり警察庁に所属しますが、科捜研は地方自治体の警察本部に所属します。ですから科警研は国家公務員、科捜研は地方公務員となります。詳しくは3章4節の「科捜研と科警研の関係」で述べますが、要するに科警研は科捜研の上部の研究機関ということになります。

　科学警察研究所は茨城県柏市にあり、付属鑑定所と法科学研修所が併設されています。科警研には総勢110名程度（2011年）の職員がおります。全国の科捜研で最も大きいのは警視庁（東京都の警察本部にあたる）で80～90名の職員が鑑定に従事しています。次いで大きいのは大阪府で60～70名です。地方県になると10～20名と規模が小さい県があります。この違いは、府県の財政規模・人口・犯罪発生件数などの事情と科捜研の鑑定数の多少によります。

2 警察組織の中の位置

警察の中で科捜研はどこにあるのでしょうか。これは図解した方がわかりやすいでしょう（図2-1）。

科捜研は「縁の下の力持ち」だから地下にある，というのは笑い話ですが，科捜研という部署ができたのは比較的新しいことから，警察組織の末の方となると笑ってばかりもいられません。警察に限らず国や地方公共団体には「建制順」という暗黙の序列があります。これは組織内に部署が設置された順で，その序列が一度できてしまうと変更されることはまずありません。これは慣例上のもので，法令で定められたものではありません。単に設置さ

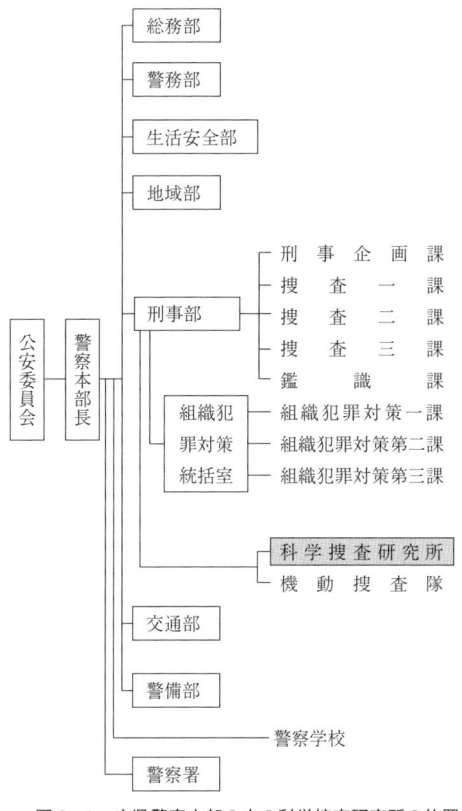

図2-1　府県警察本部の中の科学捜査研究所の位置

れた順番で便宜上一覧表に記載する順とか会議場の席順ぐらいならいいのですが，「権勢順」と読み替えると，力がある順番，つまり発言力が強い順番とか昇任の位が上か下かの序列となり，こうなると部署の長は心穏やかではなくなります。その下で働く職員も組織内の力関係に影響されます。

そんな目で図を見ると「科捜研」は刑事部にぶら下がった小さな部署に見えてきます。それもそのはず，科捜研は刑事部の付置機関なのです。付置機関と

いうのは，大きな組織本体の付属の機関といった意味です。たとえば，大学の図書館や企業の研究所などです。組織の各部署が共同で使用しよう，というような部署になります。科捜研も刑事部だけでなく生活安全部（昔の防犯部）や交通部，警備部などから鑑定嘱託がきます。「共同利用するのだから科捜研の世話も皆でしましょう」ということで，科捜研独自の庶務係を置かず他の課が面倒を見るケースがあります。実際には，科捜研の予算や給与計算など庶務的な仕事は主に鑑識課でみる府県が多いようです。しかし昨今のようにDNA型鑑定をはじめ鑑定数が増加してくると，鑑識課におまかせではとても回っていかないという現状があります。大きい府県では科捜研独自の庶務係を持っていますが，小さな府県では財政縮小のあおりで逆に庶務係が刑事部に統合されてしまった県もあります。それでも，科捜研は年々，力をつけてきました。序列より実力で勝負，といったところです。

3章 科捜研の立場

1 鑑定とは何か

　科捜研の業務は「鑑定」と「研究」です。

　科捜研で行う「鑑定」は，手相鑑定や運命鑑定の「鑑定」とは異なります。後者のような「鑑定」は易学や占星術，風水などといった近代科学以前の方法で判定するものです。またテレビの「なんでも鑑定団」のような目利き・品定めのようにその道の達人が見ただけでわかる，というようなものでもありません。

　では科捜研の鑑定（警察鑑定ともいう）はどういうものでしょうか。実は法令では「鑑定とはこうだ」と明確に定義されていません。ただ，刑事訴訟法には「裁判所は，学識経験のある者に鑑定を命ずることができる」と書かれていて，裁判所から命令された者が鑑定することになっています。この場合，鑑定人は宣誓を行い虚偽鑑定罪の適用があるなど公正な鑑定を確実に行うことが義務付けられています。一方，警察内で行っている科捜研の鑑定は，刑事訴訟法第223条に「司法警察職員は，犯罪捜査で必要があるときは被疑者以外の者に（中略）鑑定を嘱託することができる」となっており（この場合，鑑定を行う者を「鑑定受託者」という）これに基づき，裁判所の命令ではなく捜査機関の嘱託（依頼）で行うことができますが「宣誓などの手続きが無く公正さが保証されていないから信用できない」といった批判があります[1)2)]。これに対して，「命令による鑑定も嘱託による鑑定も証拠能力の点では両者に区別はない。なぜなら，鑑定は主として自然科学の専門知識に基づき得られるものだから証拠能力が認められる。裁判官が宣誓させた上で鑑定させたか，捜査官が宣誓なしで鑑定を嘱託したかは，証拠能力の点では本質的な差異では無い」という考え方があります[3)]。

科捜研鑑定の法的根拠には議論のあるところですが「捜査機関の嘱託を受けた者は，刑事訴訟法にいう鑑定人ではないが，その供述は，証拠法上，鑑定人の供述と同様に扱われる」という考え方が通説[4]と考えられています。

このようなことから，科捜研の職員は常に被疑者側と捜査側のそれぞれの立場とは関係なく中立の立場で，科学的方法で得た結果に従う姿勢が求められるのです。たとえ，捜査側からなんらかの圧力があったとしても，決して言いなりにならず，結果についてしっかり説明できなければなりません（説明責任）。もし，捜査側の言いなりに事実を曲げ鑑定書を書いたとすればそれはいずれ裁判で明らかになり，公文書偽造罪や偽証罪に問われることになるわけです。

2 捜査（検証）と鑑定

刑事ドラマを見ていると，よく立入禁止の黄色テープ内で現場検証を行っているシーンが出てきます。捜査官が現場の状況から侵入経路や逃走経路，さらには死因を調べているようです。状況やモノを調べて判断することは鑑定とよく似ています。どこまでが検証でどこから鑑定かは問題になるとこですが，概ねその違いは表3-1のように考えられます。

しかし特殊な現場の検証には，科捜研の職員が現場に行き，検証官の補佐役として助言します。たとえば，殺人事件などでのルミノール検査，工場火災や電気火災，爆発事故，大規模な交通事故，環境汚染事案などです。

個人の所有物や敷地などを強制的に勝手に検証したり鑑定したりすることはできません。そこで裁判所から許可をもらうことになります。検証ならば家屋などに対する検証許可状，鑑定ならば鑑定処分許可状です。個人の持ち物（DNA型検査のための口腔内細胞を含む）でも所有権放棄や任意提出の同意があればいいのですが，身体を傷つける

表3-1 検証と鑑定の違い

	検証	鑑定
主体	捜査機関	鑑定受託者
令状	検証許可状	鑑定処分許可状
判断の方法	一般的知識・経験	専門（特別）の知識・経験
可能な処分	身体検査 死体解剖 墳墓の発掘 物の破壊 その他必要な処分	
処分の範囲	検証の目的達成のため必要最小限	鑑定の目的達成のため必要最小限

処分，たとえば薬物検査のための血液採取では身体検査令状の他に鑑定処分許可状が必要となります。なお覚せい剤鑑定のための強制採尿では捜索差押令状で対応しています（最高裁昭55・10・23決定）。

3 鑑識と科捜研の関係

　科捜研は昔，鑑識課の中の一つの係で，血液型や薬毒物鑑定，筆跡鑑定などを分担していました。その後，科学捜査研究室を経て科学捜査研究所として独立しました。ですから鑑識課は「兄」，科捜研は「弟」という関係になぞらえられています。図3-1は現在の鑑識課と科捜研の組織と業務分担です。

　図3-1のように，鑑識課は事件現場で鑑識資料を採取する機動鑑識隊と鑑識資料を鑑定する指紋係や足こん跡係から構成されています。鑑定業務を担当するのは科捜研だけではないのです。科捜研は指紋と足こん跡以外の鑑識資料，たとえばDNA型・薬品・工業製品・銃器弾丸・筆跡などの鑑定とポリグラフ検査を行っています。

　したがって，事件発生から鑑定までの流れをまとめると次のようになります。

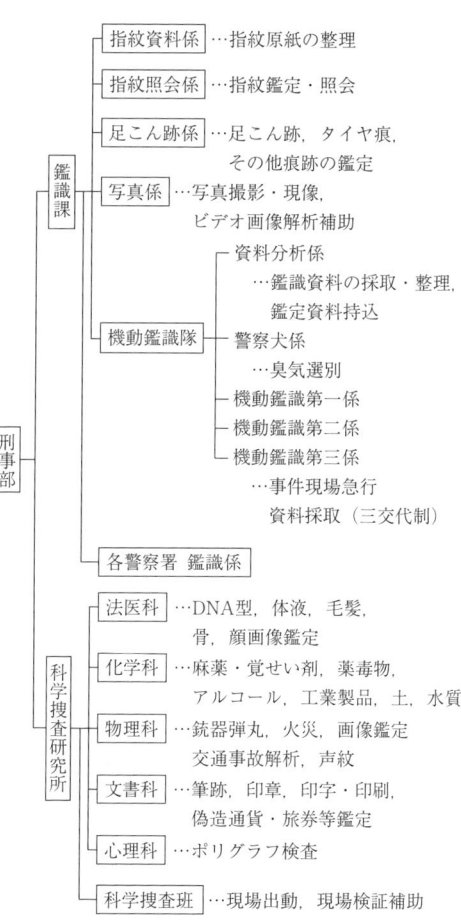

図3-1　鑑識課と科学捜査研究所の業務

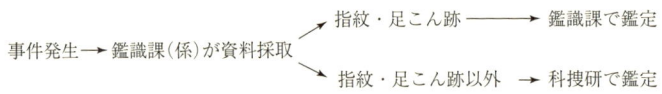

それではまず鑑識課の業務をみてみましょう。

■ 指紋鑑定

指紋は，昔も今も犯罪現場から検出されれば，犯人特定に重要な証拠資料となります（※警察では物的な遺留物を「試料」ではなく「資料」と記します。ここでは事件現場に残されている資料を「鑑識資料」，それらの中で鑑定の結果，事件の証拠として重要な資料を「証拠資料」ということにします）。

指紋鑑定の流れと業務分担は次のようになります。

指紋鑑定で重要なことは，現場で確実に指紋を検出し，きれいな指紋を採取することですが，現場では指紋が不完全である場合が多いのです。しかしそのような指紋でも積極的に採取されます。付着場所はいつも乾いた平面ばかりではありません。洗面器のような曲面で水に濡れている場合や，血液が付着した指紋などもあります。このような様々なケースに応じた採取法が開発されており，鑑識係員は状況に適した方法で注意深く検出し採取するのです。

では，どんな方法で指紋が検出されているのでしょうか。次に代表的な指紋検出法を紹介しましょう。

（1） 指紋検出法

ここでは微弱紫外線法，ニンヒドリン法，粉末法，シアノボンド法，エマルゲン・ブラック法，血液指紋採取法の概略を表3-2にまとめました。指紋採取で問題となるのはDNA型鑑定との兼ね合いです。指紋もDNAも被疑者に関わる重要な証拠資料ですから，どちらも鑑定したいところですが，指紋採取法によってはDNA物質を破壊することがあり注意が必要なのです。最終的にはどちらを優先するかは捜査指揮官の判断に委ねられるのです。

表 3-2 指紋採取法

採取法	概略	注意点
微弱紫外線法	○携帯用紫外線照射器で犯人が触れたと思われる箇所を照射し検索 ○紫外線は254nmか306nmの波長[注1]を用いる。	紫外線はDNAを破壊⇒より弱い306nm使用し照射器を物体に近づけ過ぎず短時間の照射にとどめる。
ニンヒドリン法	○ニンヒドリンは指紋に含まれる体脂中のアミノ酸と反応し紫色に変色 ○ニンヒドリン水溶液を紙やフィルムなどの検査資料に噴霧し加温または一日放置すれば反応が現れる。	○変色により検査対象物を汚す⇒転写シートに転写して指紋を採取 ○ニンヒドリンはDNA型鑑定に影響がほとんどないとされている。[5]
粉末法	○指紋から出る体脂に粉末が付着することを利用 ○検査対象物が黒色系⇒アルミ粉 　　　　　　白色系⇒カーボンブラック粉	使用する刷毛(ハケ)は使い回しするため混合汚染の危険性がありDNA型鑑定は不適
シアノボンド法	○プラスチックなどの資料を検査箱内に入れ,シアノボンド[注2]を加熱して蒸気化⇒指紋に付着し白く浮き出る。 ○さらに検出しやくするため紫外線を照射または蛍光試薬を噴霧	本法で検出した指紋からDNA型を検出できる確率は50%程度で紫外線を照射するとほとんど検出されない,という報告がある。[6]
エマルゲン・ブラック法	○エマルゲン[注3]と四三酸化鉄,非水溶媒[注4]に混ぜたものを金属製品やガムテープなどに噴霧し水で洗い流すと指紋が検出(水中の指紋検出)	この方法で得られた指紋は水で洗浄されるのでDNAが失われる危険性がある。
血液指紋採取法	○血液指紋は転写シートで採取⇒鮮明化処理:ロイコマラカイトグリーン試薬[注5]を塗布	ロイコマラカイトグリーンを使う反応では酢酸を使用するためDNAが分解

[注1] ナノメートル:1nm = 1mmの100万分の1の長さ
[注2] シアノボンド:シアノアクリレート系樹脂を主とする接着剤の商品名
[注3] エマルゲン:ある種の非イオン界面活性剤(洗剤)の商品名
[注4] 非水溶媒:水に混じる有機溶媒(アルコール類やアセトン,ジオキサンなど)
[注5] ロイコマラカイトグリーン試薬:血液検出試薬で同時に酢酸を使用

　採取した指紋資料を鑑定した後,その残りをDNA型鑑定に回すことは禁物です。その過程で事件とは関係の無いDNA物質が混入する可能性があり,そのDNA型が増幅されて検出されるからです。したがって,指紋とDNA型を同じ場所から採取しそれぞれ鑑定しようとする場合は,まず指紋を粘着シートなどの採取用紙で軽く圧着採取し,その後その部位を綿棒などでDNA物質を

弓状紋　　突起弓状紋　　蹄状紋（左流れ）　　渦状紋

その他に
変体紋……弓状紋・蹄状紋・渦状紋のいずれにも属さない
損傷紋……外傷により永久的な損傷を負った指紋
不完全紋…一時的創傷・火傷などを負った指紋
欠如紋……指の皮膚の大部分が削り取られたもの

図3-2　日本人の指紋形態分類[7]

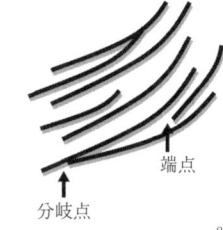

図3-3　隆線の特徴点[8]

ふき取り採取することです。粘着シートで採取される部分は指紋の表層であり，その下部の大部分はまだ残存しているという考え方によるものです。この方法ですべて上手くいくとは言えませんが，混合汚染の可能性が高い資料でDNA型鑑定するよりはましで，DNA型が出れば証拠資料として使用できるのです。

（2）　指紋鑑定法

　採取された指紋は指紋照会係で鑑定されます。指紋の照合は10本の指の指紋が基本となっており，指紋はその形状により29種程度に分類されていて，10本の指をその分類番号によりコードとしてデータベース化されます。たとえば日本人の指紋は図3-2のような形状に分類されます。

　しかし，事件現場には10本すべての指の指紋が残されるわけではありません。そこで1本の指からでも個人識別ができるよう考案されものが一指指紋法です。これは十指指紋法を基礎として一指ごとにさらに詳細に特徴を分類し番号によって整理されています。一指指紋は隆線とよばれる皮膚の盛り上がり部の状態や形態に着目し弓状線，環状線，渦巻線などの形態と隆線の分岐点や端点などの状態（図3-3）により特徴が分類されます。

　事件現場に遺留された指紋を拡大鏡で検査し，その分類を明らかにして，警察庁指紋センターに照会します。前科があればデータベースに登録されており，指紋識別システムによりその事件の被疑者を割り出すことができるのです。指紋センターでは掌紋（掌の紋様）もデータベース化されています。また，府県

の指紋照会係で，現場遺留の指紋と捜査で浮上した被疑者の指紋を照合鑑定し，捜査に貢献しています。

　このように，指紋は万人不同（個人でそれぞれ異なる），終生不変（欠損しても再生する）という前提で，以前から重要な証拠として認められ，現在もその重要性は変わりません。しかし，現場に指紋が残らないケースでは，DNA型鑑定に期待することとなります。

■ 足こん跡鑑定

　室内に侵入した犯人の足こん跡や殺人現場で立ちまわった犯人の足こん跡がわずかに残ることがあり，殺傷事件などでは血液が付着した足こん跡が残されることすらあります。ですから，事件が発生すると無用な人の立ち入りが無いように立入禁止となり，警察署の鑑識係や本部鑑識課の機動鑑識隊が現場に急行し，鑑識課員自身の足こん跡がつかないようポリ袋のような足カバーを装着して何よりも先に足こん跡の検出を行います。足こん跡の検出にはポリライトという照明器具を床面とほぼ平行に照らして行います。

　足こん跡が検出されると，足こん跡採取用の粘着シートや帯電シートを使って足こん跡を採取します。これらの鑑識資料を持ち帰って，足こん跡係で足こん跡の形状を測定し，既知の靴底の形状のデータなどから犯人が使用していた靴を推定します。これは捜査情報として活用され犯人を捜索する手がかりとなるのです。

　また，被疑者が逮捕されれば，所有していた靴と比較し，足こん跡資料撮影装置で形状を比較して鑑定書を作成し，証拠として提出されることになります。犯人が靴を捨てた場合でも，現場を隈なく捜索し，靴を発見して事件に関係があるものかどうかを鑑定することになります。

　足こん跡係は，交通部とも関係が深く，ひき逃げ交通事故で現場に残された自動車のタイヤ痕から車の大きさや車種の推定を行います。その他に工具痕といって何かで殴打された場合「凶器は何か？」といったことを，死体の状況や現場に残された損傷の痕跡などから推定します。このような点で，足こん跡係の情報は初動捜査（捜査の立ち上がり）で重要となっています。

■ 写真係の業務

　写真係は各警察署から持ち込まれた写真画像の印刷と被疑者などの写真撮影

および撮影指導を行っています。

　以前はネガの現像作業が中心でしたが，カメラのデジタル化に伴い，フィルムから記憶媒体に変わりました。日本で最後までフィルムを使用していたのは警察ということになります。この転換に多くの時間がかかったのは，デジタル画像の複製や改変が容易にできてしまう，という問題にあります。これは大変な問題です。

　証拠写真が偽造されたものであったなら……。

　これでは裁判が成り立ちません。写真画像の真偽からいちいち審理しなければなりません。そこでデジタル画像の複製には厳しい規定が設けられ，改変できないよう設定されており，元の記憶媒体は保管・管理が厳しく定められているのです。

　写真係にはビデオカメラモニターがあり，捜査員がこれを使用して防犯カメラの画像の解析を行います。一定程度の鮮明化を行うことありますが，最近の防犯カメラ画像は解像度がよくなっていますのでそのままビデオ画像から解析し被疑者を捜索する作業が行われるのです。

■ 機動鑑識隊の業務

　機動鑑識隊は事件発生と同時に現場に急行し，現場保存を行って鑑識資料の採取を行う組織です。三交代で夜間も出動します。これとよく似た名称の「機動捜査隊」がありますが，この組織は犯人逮捕を専門とする組織で通常二人一組で主に捜査車両で行動します。

　機動鑑識隊が事件現場に入る時は，ポリエチレン製のネットを頭に被り毛髪の脱落を防止します。作業服の手首と足首を閉めて皮膚片や体毛の脱落を防止します。靴には足カバーを装着し足こん跡の付着を防止します。もちろん手袋をはめて指紋の付着を防止します。このような措置は，DNA型鑑定や微物鑑定を前提とした証拠保全に不可欠なルーチンなのです。

　隊長の指示のもと，隊員がまず入り口から鑑識資料の捜索を開始します。何かを発見するたびに，位置関係を記録し番号札を置いて，順に部屋の奥へ資料の捜索を進めていきます。そしてほぼ資料の検索が終了すれば，いよいよ資料採取になります。資料採取は法的な手続き上（領置：刑訴法第221条，証拠保全：犯罪捜査規範第92条），司法警察職員（警察官）が行い，科捜研の職員は一般に

は行いません。科捜研職員が現場に臨場する場合では，資料の採取場所や採取方法などを示し，鑑識課員に採取してもらうことになります。ドラマなどで「捜査員が現場で捜査の鍵となるような資料を発見し，それを採取してポケットに入れる」などの場面がありますがこれは違法収集資料です。裁判に出しても認めてもらえません。

　それではどのような資料が証拠として認められるのでしょうか。この作業を「証拠資料化」と言っています。まず問題の資料をそのままの状態で写真撮影し，位置関係を計測します。そして立会人（一般の方でたとえばアパートであればオーナー，店舗であれば店主，変死体であれば発見者など）に立ち会いを求め，資料がある場所や状態を確認していただいたあと，立会人を入れて写真撮影します。たいていの場合，立会人が資料の位置を示している構図になります。

　その後，採取しようとする資料を最適な方法で注意深く採取します。採取方法は各府県の科捜研と鑑識課で検討され作成された採取マニュアルに基づくのが一般的です。現場の資料には実に様々なものがありますので鑑識課員は採取方法を熟知していなければなりません。

　採取したものを透明のポリ袋やポリ容器など最適なものに収納し，たとえば下記のような各事項を記録した用紙を容器に貼付したりポリ袋に直接記載したりします。このような措置が後の裁判で証拠資料として認めてもらう根拠となるのです。以上の作業が終わるまで捜査員は現場の外で待機することになります。

```
事件名（事件名は決まっていませんので仮の名称）
資料名（採取番号）：血液様のもの（採取番号B-1）1点
採取日時：平成26年4月4日午前10時25分
採取場所：○○方1階和室東南角
採取者の官職・氏名：△△警察署鑑識係　巡査部長　□□××
立会人の氏名：○○◇◇
```

　採取された資料は本部の鑑識課または警察署の鑑識係に持ち帰り，採取資料のリストを作成し，鑑定に回すものは鑑定嘱託書（鑑定資料と鑑定項目などを記載した書類，犯罪捜査規範第188条）を付けて鑑定嘱託します。指紋や足こん跡は警察本部鑑識課へ，その他の資料は科捜研へ持ち込まれます（後述5章1）。遠方の警察署では警察部内の郵便（逓送といいます）で送られてきます。

■ 機動鑑識隊警察犬係

　警察犬係には数匹の警察犬が配置されていて，これに臭気選別の訓練を行っています。犯人が現場に落とした持ち物と同じ臭気をたどり逃走方向を探索したり，現場遺留物が逮捕後の被疑者の体臭と同じか，などの判別に使われたりします。後者の検査の場合，あらかじめ警察犬が正しく臭気判別するかを確認するため，ある臭気Aを嗅がせ，そのAの臭気のほかにB〜Eのそれぞれ異なる無関係な臭気の中から確実にAの臭気を選ぶかどうかのテストを行います。

　犬は人間の数千〜数万倍，臭いの種類によっては一億倍といわれる嗅覚を持っており，ごく微量の臭気でも嗅ぎ分けることができます。しかも人間の鼻は一定時間が経つと臭いがわからなくなってしまいますが，犬は長時間嗅覚を保つことができます。くさい話で恐縮ですが，皆さんが便所で用をたし，始めは自分のものでも「くさい」と感じますが，いつの間にかにおわなくなってしまうでしょう。これは「嗅覚疲労」といって誰にでもあることです。人間の五感の中で鼻の嗅覚は視覚や聴覚などに比べ最も退化した感覚だといわれています。しかし，犬の嗅覚は研ぎすまされており，これはさほどよくない視力を嗅覚で補っているのかもしれません。

　警察犬による臭気選別が，裁判で証拠能力・証明力を肯定した事例はごくわずかです（たとえば1981年の佐賀県武雄市における強姦未遂事件[9]および強姦致傷，道路交通法違反，最決昭62・3・3）。その理由は嗅覚についてまだよくわかっていないことが多いこと，なぜ臭気Aと犬が判断したかは人間にはわからない，つまり犬しかわからないことのためです。犬にとっては悔しいでしょうが，そういうことになっています。

　問題の一つに，犬は人間の体臭のどんな成分に反応しているかということです。人間の汗腺の近くにあるアポクリン腺という穴からエステル類やスクアレンという物質が排出され，これが細菌によって脂肪酸に酸化されます。この脂肪酸には酪酸，カプロン酸，カプリル酸などがあり揮発して臭気を発散すると考えられています。汗腺からも食物の摂取により，たとえばニンニクならば硫化アリルが発散されます。このような揮発性臭気物質を犬は総合的に判断しているのかもしれませんが，個人の識別をどのように行っているのかはよくわかっていません。

問題の第二に，犯人が靴を履いて逃走した場合でも，なぜその足跡の臭気から逃走経路を識別できるか，ということです。靴は確かにほとんど洗濯しませんからくさい臭気が残ります。しかしその靴底からなぜ臭気が地面に付着するのか。そんなごく微量をどうして犬は検出できるのか。

この分野の研究はまだ少なく，今後の解明が期待されます。現状では，犯人の逃走経路の探索や臭気選別による類似性のスクリーニングなど，捜査の一手段として活用されるにとどまります。しかし今後，分析機械の性能が上がりごく微量の物質でも検出できるようになってこれば，化学分析により犬が識別した臭気をグラフで示せる時がくるでしょう。そうなれば，警察犬による臭気選別の証拠能力がさらに裁判で認められ警察犬も喜ぶのではないか，と思います。

■ **裁判所への証人出廷**

証拠資料に関する鑑定書が，裁判（公判）で弁護人から「不同意（つまり，鑑定書の採用に異議あり）」と指摘されると，裁判所から鑑定を行った職員あてに召喚状が届きます。そして公判廷で尋問された事柄に対し証言しなければなりません。公判での構図は

　　　訴追側（被告人を有罪にしようとする側）　　　　＝検事・科捜研
　　　弁護側（被告人を無罪，または刑を軽くしようとする側）＝被告人・弁護人

ですから，弁護側からの尋問が厳しいものとなります。

通常の場合，証人出廷前に検事と連絡を取り（または連絡があり），鑑定書の何が問題とされているのか，などの説明を受けます。証人出廷は鑑定してからかなり時間が経った後に通知が来ますので，公判で正確に答えられるよう，鑑定を行った当時の状況の記憶を呼び起こしておかなければなりません。公判廷では間違って証言したこともそのまま記録されますし，尋問に窮して自己防衛のために嘘でも言えば偽証罪に問われます。そのような鑑定受託者が鑑定した内容も疑わしくなってきます。そうすればその事件の証拠の信頼性が失墜し有罪に持ち込みにくくなります（確実に有罪に持ち込むことを「公判維持」といいます）。それだけではなく，鑑定受託者としての資質が問われ科捜研に留まることさえ難しくなるのです。ここまでお話しておわかりのように，証人出廷は科捜研職員にとって「職人生命」を賭けた一大事なのです。

では，証人出廷の流れをお話しましょう。まず，「証人は前へ」という裁判長の指示で証人台に立ちます。そこで宣誓を行います。宣誓する内容は紙に書いてあり，概ね「良心に従って嘘，偽りなく証言します」という内容になっています。こう宣誓した以上，嘘を言えば偽証罪で有罪になる，ということです。

被告人に対しての審査は「被告人質問」といいますが，証人に対する審査は「証人尋問」です。なんだか被告人よりも厳しそうな感じがします。語句のままなら被告人には問い質す（ただす←糾す＝罪などを調べる），証人にはお尋ねする，ということで槍玉にあげられることはないのですが……。

そして検事からの尋問を受けます。現職業の経験年数とかこの業務に精通しているかなど，この鑑定受託者の鑑定は信頼性がある，という線で尋問が展開されます。そして「この鑑定は鑑定受託者が正しく鑑定し，その内容を正しく記載したものか」と尋問されますので「私が鑑定しその内容を正しく記載しました」と答えます。そのように宣言することで鑑定書が採用されるのです。

本来，裁判所が命令する鑑定人は，宣誓を行い虚偽鑑定罪の適用があるなど公正な鑑定を確実に行うことが義務付けられていますが，捜査機関が嘱託する科捜研の鑑定受託者は，宣誓などの手続きがありません。そこで宣誓の手続きは前後しますが，鑑定書の採用が不同意とされた場合は「公判で宣誓の上，正しく作成されたものである」という趣旨を宣言することで，その正確性を担保するという手続きを取っているものと考えられます。

これによって弁護側から致命的な指摘がなければ基本的には証拠採用されますが，弁護人からの尋問は検事とは違って厳しいものがあります。たとえば以下のようなものです。

- 鑑定受託者としての資質を疑うもの……
  「経験年数が浅くないか，鑑定数，研究論文や著作があるか」
  「その化学式を書いてみなさい」とか「法則や公式を言ってください」など
- 鑑定資料の取り間違いを疑うもの……
  「鑑定当日の同種事件の鑑定件数は何件であったか，取り間違いがないと保証できるか」など
- 鑑定中の汚染や混入を疑うもの……
  「前に鑑定していたものが残っていなかったか」など
- 鑑定の方法が一般的に認められたものかどうかを問うもの……

「鑑定に使用した機械は特殊なものではないか。その方法は学会で認められているのか」など
・警察の鑑定であることそれ自体を疑うもの……
　「自分自身が警察内で鑑定していること自体，おかしいと思わないのか」
　「捜査のいいなりに鑑定していないか」など

　これらの反論の一部は3章1節の「鑑定とはなにか」で述べましたが，鑑定の方法については4章「科捜研の業務」で詳細に述べます。
　いずれにしてもなかなか厳しいもので，証人尋問が終わると，のどがカラカラになっています。とにかく誠意をもって答えます。検事からも弁護人からも尋問されますが，答えは裁判長に向かって言います。その結果で心証形成されるのは裁判長だからです。心証というのは裁判官が審理中に得た感触または確信で，被告人が有罪か無罪かの判断形成をすることです。
　証言内容は書記官がすべて録音していますので，よく言葉を選んで答えます。数式や数値などどうしても記憶が曖昧で答えられない場合は「記憶が曖昧で答えられません。」と正直に言います。それでも「だいたいでいいから言ってください」と突っ込まれる場合は「発言がすべて記録される法廷ではいい加減なことは言えませんので詳細に調べて後日報告します」と正確を期すようにします。
　裁判長からも尋問がある場合があります。そのほとんどは「専門的な内容をわかりやすく説明してほしい」というもので，鑑定書が白黒判断するのにきわめて重要な場合は，裁判長も鑑定書の内容を理解するのに必死です。説明が長くなる場合は「意見趣意書」として裁判長あてに提出することもあります。
　このように，公判は科捜研の鑑定職員にとっても修羅場です。こういう場所を知っているからこそ，嘘は書けません。嘘を書いたら最後，命取りです。捜査員の方も公判の場がどんなものかご存知のはずですが，科捜研に無理難題を押し付けてこられることがしばしばあります。しかし科捜研の職員は科学的な事実と自分の判断を信じて鑑定書を書いていますから，結論を変更したりすることはありえないのです。
　捜査の方は，被疑者の解明と逮捕ということを主眼に置かれますが，被疑者が犯人と確定するのは裁判で判決が下った時です。資料採取や捜査の手続きが

3章　科捜研の立場

違法であったり，自白供述が強制的であったりして，せっかく逮捕した犯人を結果的には無罪にしてしまう，ということはないでしょうか。「わしら捕まえてなんぼ（逮捕が商売）」という捜査ではなく公判維持を見据えた捜査が肝要ということは百も承知のはずなのですが……。

4 鑑定と研究

　科捜研の業務は鑑定と研究です。しかし実際のところ，8割以上は鑑定に費やされます。それほど鑑定数が多く研究は余った時間で行う，というのが実情です。鑑定は業務命令で行わねばなりません。研究は一応，研究課題などを提出させ計画的に研究に取り組む府県もありますが，基本的には個人の自主性にまかされています。

　研究心旺盛な人は鑑定を通じて課題を見つけ，新しい分析法を確立する人もいます。その分野で認められ博士号を取得する人もいます。しかし研究心があっても様々な事情で研究をあきらめる人の方が多い実情にあります。

■ 警察内部での研究に対する考え方

　鑑識資料の採取法や新しい機材の開発などは警察組織をあげて奨励しています。各部署で開発コンクールなども開催され，優秀なものには本部長賞が授与されます。研究開発によって捜査活動の迅速化が図られたり，これまでできなかった捜査や鑑識活動が可能になったりするなど，警察の力量が増すことが期待されるからです。またコスト削減につながる改良開発では，少ない予算で最大の効果を得る会計サイドの理念にかないます。しかしこれらの研究の多くは警察部内の研究発表であり，部外に発表するとなるとブレーキがかかることがあります。つまり「ホヒ（保秘）」。秘密は保持し暴露してはいけない，というものです。

　捜査で得られた個人情報は当然，プライバシー保護のため暴露してはいけません。捜査情報の多くも事件が解決するまでは公表されません。被疑者がテレビなどの報道で警察の動きを察知し，証拠隠滅を図ったり逃走したり，場合によっては自殺したりする危険性があるからです。これは捜査上・人道上，必要な措置といえます。

では，鑑定の一般的な手法はどうでしょうか。

これらも「捜査や鑑定の手の内をばらすことだ」とする考え方があります。そうなると鑑定方法の研究成果を学会で発表することも「秘密の暴露」に該当してしまいます。独自に開発した方法が科学的にも非常に良い方法だからといって，勝手に鑑定に応用し鑑定書を書いたらどうでしょう。おそらくそれは公判で却下されるでしょう。なぜなら鑑定は科学的なもので，科学とは一個人のみがわかるもではなく誰もがわかるもの，つまり一般に認められた方法・法則なのです。その人にしかわからない方法や結果は宗教の教主様のお告げと同じことなのです。このようなものは公判では通りません。

科学的な研究成果は，学会で発表し批判を仰いで論文にすることで一般的に認められたという評価になります。研究論文は複数の専門家の査読をクリアして公のものとなります。論文に問題がある場合は却下されます。このような研究活動によって，鑑定技術が進歩し公判維持に役に立つことを理解しなければなりません。

■ 研 究 費

府県の科捜研に基本的には研究費はないのが一般的です。あるのは鑑定消耗品費と資器材購入などの備品費です。研究に必要な薬品などは消耗品として購入するしかありません。しかし鑑定が激増している今日ではどの府県も厳しい台所事情にあり研究まで回す予算がないのが現実です。

そこで府県によっては日本学術振興会の科学研究費（科研費）やその他の研究費を申請しています。科研費は良い研究にしかつきませんので厳しい状況には変わりありません。

■ 法科学研修所の研究科

科学警察研究所の付置機関の法科学研修所には研究科という研究課程があって，一定の研究を行ってきた科捜研職員を対象に研究指導を行っています。研修生の中には長年の研究をまとめ学位取得を目指す者，新しい研究を始める者など様々ですが，研究科に入る前提としてその研究を指導してもらう大学の教授を探さねばなりません。多くの場合，母校であったりしますが，学会を通じて評価いただいた大学の教授にお世話になることもあります。大学に半年間，社会人留学という形で在籍し研究に専念できます。研究科の課程が修了すると

発表会で研究成果を報告します。

この半年間で学位を取得することは困難ですので，その後も大学に在籍して学位を取得する人もいますし，在籍はせず論文博士として学位を取得するケースもあります。

■ 個人評価

学会で研究が認められ各種の賞を得たり，学位を取得したりすることは警察としても名誉なことですので，通常，本部長からも表彰されます。しかし，研究熱心な職員が科捜研で評価されるかといえば，必ずしもそうではありません。個人の評価は研究よりも鑑定に重きが置かれます。その割合は府県の状況や科捜研所長の考え方にもよります。

重要なことは研究の中身が問題なのです。鑑定に直結した研究ならばいいのですが，研究のための研究のような鑑定に応用できる可能性が低いものや，目的がはっきりしない研究では評価されません。

そして個人の研究者としての資質が問題で，たとえば以下のようなタイプがいます。

- よく研究するのだけれど，たくさん集めたデータがなかなかまとまらない人（発散型）
- 一つのテーマに集中できずテーマがコロコロ変わる人（浮気型）
- 研究に集中しすぎて自分の立場を見失う人（自己喪失型）

研究は未知なことを解明する作業ですから，目標をしっかり持っていなければなりません。ちょうど大海を航海するヨットのようなものです。海図と星と風を見極め自分の位置と目標を定めるように……。そしてその目標が間違っていた時は，あきらめずに次の目標（仮説）をたててそれを検証する研究を繰り返し進めれば，いずれ目標に到達できる。研究する者はそういう信念を持つ必要があると思います。

研究は科捜研だけでなく，鑑識や捜査の分野でも行われており，それが時代にあった方法を編み出し，警察力の向上に貢献しています。犯人検挙と治安は国民の要請ですから大いに進化した警察力を築きたいものですが，それは国民の了解の上での話です。プライバシーにかかわる捜査は特に国民とのコンセン

サスを図らねばなりません。また被疑者の取調べも，可視的で風通しのよい方法などがさらに研究されるものと思われます。

■ 科捜研と科警研（科学警察研究所）の関係

　科警研が全国科捜研の上部の研究機関であることは2章1節でお話しました。ここでは科警研の組織と業務についてみることにします。警察庁と科警研の組織の概略は図3-4のとおりです。科警研には非常に多くの研究室があり，各府県の科捜研ではできない鑑定を行える環境にあります。科警研はまさに日本警察の科学捜査の中枢といったところです。主な業務は鑑定に関する研究であらゆる物質の分析法や原因究明に関する研究を行っています。府県の科捜研の技術や分析機器でできない鑑定や特異な事件，また広域事件などの鑑定を行うこともあります。たとえばこれまでの事例では，サリンが使用されたオウム真理教事件や農薬入り餃子事件などです。またDNA型鑑定では鑑定方法や鑑定技術・薬品の管理を一元的に行っており，増加するDNA型鑑定のニーズに対応した鑑定体制の強化（大量一括処理方式，2011年以降）が行われています。

　科警研は全国の科捜研で行っている鑑定方法の基準を定める使命を担っています。各府県で分析による差異があっては公正が保てませんし，鑑定の品質を保証できません。特にDNA型鑑定は，分析法の基準，薬品や分析機器の品質，鑑定職員の技能などの品質保証のため厳格なチェックを行っています。

　科警研に付属する法科学研修所は，全国の科捜研で採用された新人職員の研修（養成科）を行っています。この研修を終了しなければ鑑定ができません。そして実務経験が一定に達すると現任科で再度研修を受けます。さらに鑑定の特定の分野について高度な知識・技能を研修する専攻科，国内外の大学で研究するための研究科，管理職につく職員への研修となる管理科があります。

　科警研と地方の科捜研の交流も活発で，地方の科捜研の職員が科警研へ出向し一定の間，DNA型鑑定に従事したり研究や分析の補助をしたりするほか，科警研から府県の科捜研の所長などに異動するケースもあります。また，研究に関する交流も活発で，多くの科捜研職員は日本法科学技術学会に入会しており，年に一回，鑑定技術の研究発表会が開催されています。この日本法科学技術学会は科警研に事務局があり警察関係者だけでなく大学や民間研究所の法医学や法科学の専門家も参加できるようになっています。

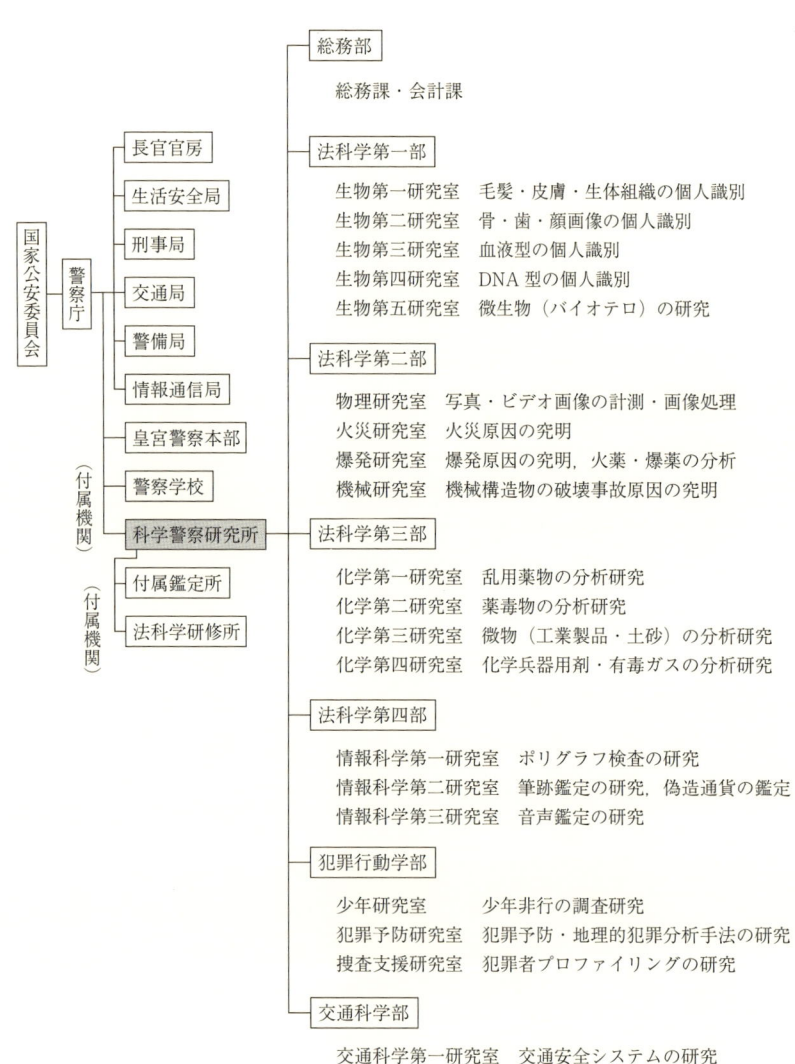

図3-4　警察庁（地方機関を除く）と科学警察研究所の組織[10]

法科学技術学会の発表会は，府県の科捜研職員にとっては研究開発した分析方法などが妥当なものかどうか批評を受け，さらに研究を進めるヒントとなる場であるほか，科警研職員にとっては「鑑定現場で何が問題となっているのか」などの情報が集まる場であり，研究テーマを探す絶好のチャンスであることは疑いありません。

　また海外研修も科警研を中心に行われ，そのチャンスは府県の科捜研にも希望すれば与えられ，数ヶ月間，海外の国立の科学捜査部門の研究所などで視察・研修することができます。

〔註〕
1) 高田卓爾『刑事訴訟法』青林書院（1984）
2) 団藤重光『刑事訴訟法綱要』弘文堂（1943）
3) 井上剛『鑑定入門』有斐閣（1983）
4) 小野清一郎『ポケット刑事訴訟法』有斐閣（1986）
5) Petra Grubwieser M.D., et al., Systematic study on STR profiling on blood and saliva fraces after visualization of fingerprint marks. J.Forensic Sciences, 48 (2003) pp.733-741
6) 藤井宏治ほか『法科学技術　14巻』（2009年）pp.85-91
7) 星野幸夫「指紋による認証システムの歴史と現状」NECソフト（2003）
（http://www.iajapan.org/bukai/isec/forum/2003/20030306koushi2.pdf）
8) 前掲註7)
9) 浅田和茂「科学的証拠」村井敏邦・川崎英明・白取祐司編『刑事司法改革と刑事訴訟法　下巻』日本評論社（2007）pp.784-812.
10) 科学警察研究所ホームページ（http://www.npa.go.jp/nrips/jp/index.html）

4章
科捜研の業務

1 人事構成

　警察は身分・階級が明確で上下関係が厳しい組織といえます。警察官は緊急時など指揮・命令系統が崩れると統一した行動がとれません。それが原因で重大な失敗に至る危険性を考えれば、厳しい上下関係は組織が必然的に要求するものなのでしょう。しかし科捜研ではそれほど上下関係は厳しくなく、民間の会社と大して変わらないと思われます。それは、鑑定業務のあり方に由来します。鑑定は各捜査機関の長から所長へ嘱託され、嘱託された所長は科捜研職員に鑑定を命じるという形をとっています。鑑定は鑑定した職員の責任で行い、上司や所長は鑑定書の妥当性をチェックしたり誤字や文脈の乱れを訂正したりして決裁し嘱託先へ送付します。つまり鑑定書が科捜研を出たあとは鑑定した職員の責任となるのです。このように科捜研職員それぞれが、判断能力を持つ自立した存在であることが緩い上下関係の由来と考えられます。

　しかし科捜研も警察組織の中ですから、警察式の役職や警察職員としての自覚や行動が求められます。次に警察官の階級・役職と科捜研の役職を府県警察本部の例で比較してみましょう（なお階級と役職の関係は府県の各種事情により一致しないことがあります）。

　表4-1のように科捜研には階級がありません。そこで階級のかわりに身分で代用しています。身分というのは、地方公務員の場合、表4-2のようになります。

　さらに図4-1に一般的な科捜研の組織体制の一例を記載しました。

表4-1 階級と役職(一例)

	階級	警視長	警視正	警視	警部	警部補	巡査部長	巡査長	巡査
警察官	役職	本部長	部長	課長	課長補佐	係長	主任		係員
科捜研職員	階級	なし							
	役職			所長 主席研究員 調査官	科長	専門研究員	主任研究員		研究員

表4-2 地方公務員の身分

	身分	備考
警察官	地方警察職員	なお国家公務員の府県本部長の身分は「地方警務官」
警察官以外	事務職員 技術職員	まとめて「一般職員」とする府県もある

```
                                    ┌─ 法医科
                                    │  科長─専門研究員─主任研究員─研究員
                         ┌─ 調査官 ─┤
                         │          └─ 化学科
                         │             科長─専門研究員─主任研究員─研究員
所 長─主席研究員─副所長─┤
     (総括研究員)(次席)│          ┌─ 物理科
     (参事)など         │          │  科長─専門研究員─主任研究員─研究員
                         │          ├─ 文書科
                         └─ 調査官 ─┤  科長─専門研究員─主任研究員─研究員
                                    └─ 心理科
                                       科長─専門研究員─主任研究員─研究員
```

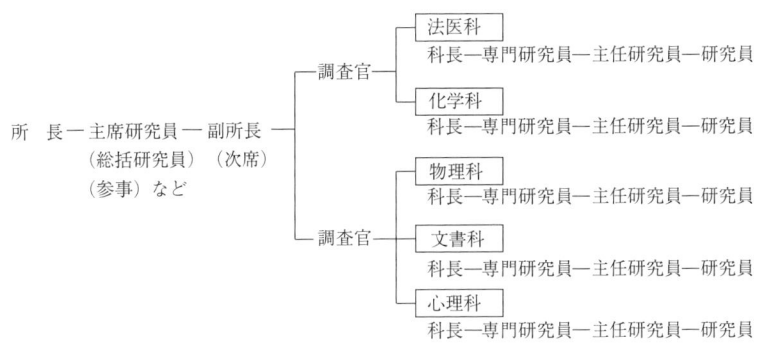

図4-1 科捜研の組織体制(一例)

　副所長は事務的な業務(勤務管理,予算,解剖医への謝金支払い手続きなど),調査官は担当科の鑑定業務管理を行います。主席研究員は科捜研全体の業務管理を行い所長を補佐します。DNA型鑑定や死体解剖が急増する今日,科捜研の幹部は少ない予算のやりくりに頭を悩ましています。

2 法医科

　法医科は昔も今も科捜研の中心です。殺人などでは必ず血液型鑑定が行われましたが，現在はDNA型鑑定に取って代わっています。それはDNA型の方が血液型よりも個人識別の精度と確率が高いからです。DNA型は血液・皮膚・血液以外の体液（汗・唾液・精液・膣液）・毛髪・骨など人体の様々なものから鑑定できますし，非常に微量の資料からDNAを増幅することにより感度よく判定できるため，まさに現代の「物的証拠の王様」的存在です。したがって捜査現場からの鑑定嘱託が多く，科捜研の全鑑定数の50％以上を占めるようになってきています。

　現在のDNA型鑑定のレベルはほぼ確実に犯人を特定できるまでになっているため，鑑識課員は必死にDNA資料を検索しますし，捜査員はDNAがでれば「犯人に間違いなし」と自信を持つほどです。公判ではDNA型鑑定が提出されると，弁護人はお手上げとまではいかなくとも戦意を喪失するほどの威力があるようです。

　「DNAが出ればそれで事件解決！」

　さて，それはどうでしょう。

　　・DNA型資料がもし間違っていたなら……
　　・たまたま事件現場に居合わせた別人のものだったら……
　　・警察部内で資料やデータを間違えたならば……

　それはありうることであり，実際にあったことなのです。すでに新聞などで報道済みです。DNA一つに寄りかかって安心していたら大間違い，公判でひっくり返ってしまうこともあるのです。ですから，DNA型鑑定やデータベース作成は担当者が細心の注意をして行うだけでなく複数のチェックが不可欠です。そして，DNA型鑑定のほかに化学科や物理科・文書科などの鑑定や鑑識課の指紋や足こん跡の鑑定が必要です。DNA以外の物的証拠で補強する必要があるのです。

　そして，DNAは非常に微量な生体資料からも検出されますので，鑑識課員

も捜査員も事件現場に入るときは自分の毛髪や皮膚などを床に落下させないよう完全防備しなければなりません。その例外はありません。

■ **DNA型鑑定**

（1）DNA型鑑定資料

DNAは細胞の核に含まれます。具体的には、血液（白血球）・口腔内細胞（口の中の内壁、特に頬の内側が使用される）・精液・膣液・唾液・皮膚（汗・垢）・毛髪（毛根鞘）・骨（骨髄）・臓器などです。

血液は赤血球にDNAがあるように思われますが、赤血球はヘモグロビン（鉄に配位したヘムとグロビンが結合したもので酸素を細胞に運ぶもの）であり、核はありません。白血球は体内に侵入した細菌・ウィルスを駆除する免疫担当細胞で核があるためDNAを含んでいます。

精液には精子が含まれますからここにDNAがありますが膣液そのものにはDNAはありません。しかし器官の上皮細胞が剥離しこれが膣液に混じるためDNAが検出されると考えられています。

唾液もそれ自体はDNAを含みませんが口腔内細胞の断片が唾液に混じっています。汗もまたDNAを含みませんが、汗として採取された資料に微細な皮膚片が含まれるためDNAが検出されるのです。垢は身体の表皮が老化したものを含みます。毛髪は部位によってDNA型鑑定ができる場合とできない場合があります。まず毛髪の構造をみてみましょう。概略を図4-2に示しました。毛は毛幹部と毛根部に分けられ、DNA型鑑定に必要なものは毛根部の毛球内にある毛根鞘なのです。これは毛を引き抜いた時に付着しています。抜け毛では毛根の細胞が死滅してしまっていますのでDNAはほとんどありません。

毛幹部は顕微鏡で見ると鱗のような模様（キューティクル、毛小皮）が特徴的ですが、この内部の髄質にわずかにDNAが存在します。しかし毛幹は本来死滅した細胞でメラニンが多いためDNAの抽出は非常に困難です。

このように毛髪一本から必ずDNA型鑑定が

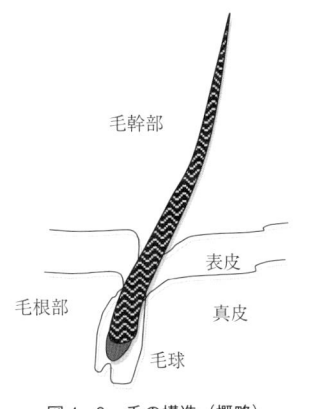

図4-2 毛の構造（概略）

表4-3　DNA型が鑑定可能な資料

付着体液	鑑定資料
唾　液	タバコの吸殻，コップ，箸，空き缶，女性被害者乳頭付着物
皮　膚	指紋，垢，汗，歯ブラシ，鼻をかんだテッシュ，ハンカチ，手ぬぐい
毛　髪	凶器として使用された鈍器，交通事故車両の轢過部位，ガラス・壁などの頭部殴打箇所，帽子
精　液	使用済みコンドーム，精液が付着するテッシュ・シーツ

できるわけではありません。状態の良好なもの，つまり毛根鞘が残っているものを選んで行われます。毛根鞘が残る毛髪は引き抜いた毛髪に限られるわけで，自然脱毛やカットした毛髪のDNA型鑑定はまず無理と考えた方がいいでしょう。

　骨では骨髄があればDNA型鑑定が比較的容易ですが，骨の硬質部では粉砕後，主成分のカルシウムを除去する必要がありかなり難しい鑑定となりますが，骨には骨芽細胞がありDNAを含みますので鑑定可能なのです。

　ただし，火葬されたあとの骨片は1,000℃前後の高温にさらされたものですのでDNAが分解し検出は困難となります。しかし本来，DNAは熱に強い特徴があり，野焼きした程度では骨に残存している可能性があります。また筋肉なども焼死体で燃え残った場合は硬質化しますが，このような場合にもDNAが保存されている可能性があります。

　このようにどんな過酷な状況でもDNA資料を探し出し事件を解明する努力が払われます。これに加え後述する微細な物質（警察では「微物」という）を探し出し，犯人が自覚せず落としたものから事件の状況を解明し証拠として提出されます。では具体的にどのような資料からDNA型鑑定が可能か，その例を表4-3にまとめました。

（2）血液資料の検出

　犯罪現場で微量の血液を検出する方法にルミノール法があります。これは昔から現場鑑識に使われており，肉眼で確認できない血液が青白い蛍光となって浮かび上がるものです。弱い蛍光ですから夜間に行ったり検査場所を暗幕で覆うなど暗くするなどして検査されます。この方法は血液以外にも同じように反

応するものがあり，また人・獣の区別もつきませんので予備検査（スクリーニング）として行われます。人血と確定するには科捜研の本鑑定を待たねばなりません。なお血液を「血こん」という場合は，その形体や色を問題にする場合や，血液以外に種々の体液，その他の物質が含まれた混合物をいう場合に使われます。

　ルミノール反応の概略は以下のとおりです。まず，ルミノールのアルカリ性溶液を検査場所に噴霧し，ついで過酸化水素水を噴霧すると，血液があれば青白い蛍光を発します。この反応はルミノールが過酸化水素により3-アミノフタル酸という物質に変化する反応を血液のヘモグロビン中の鉄が反応を促進（触媒）させることによります。少し詳しくなりますがヘモグロビンの鉄は2価でそのままでは反応しません。空気中の酸素で2価鉄が酸化され3価鉄になり，これが触媒となってルミノールの反応が進行し蛍光を発するのです。一般に古い血液（3価鉄のヘミン含有）ほどルミノール反応は鋭敏と言われています。

　ただしルミノール反応で血液と同様の反応をするものがありますので注意が必要です。家屋内であれば鉄製品（サビ），屋外であれば土砂（土砂の茶色はサビと同じ酸化鉄の色）です。また一部の野菜（ダイコン，キュウリなど）など植物も同様に反応します。またルミノール反応で何度も試薬（過酸化水素）をかけ過ぎると，DNAを破壊し鑑定ができなくなるおそれがあり要注意です。

　ルミノール法のほかに，ロイコマラカイトグリーン法があります。これはルミノール試薬より安定性が良いという特徴がありますが，感度や特異性，およびDNA型鑑定へのリスクの点ではあまり変わりません。またロイコマラカイトグリーン法では酢酸を使うため，一般家屋での使用は敬遠されています。

　その他にヘマシーン試薬（フルオレッセイン法）の有効性が報告されています[1]。これは血液検出を暗室で行う必要がなく感度も従来法より鋭敏で，DNA型鑑定にも影響が少ないなどの長所があるとされています。

(3) 資料の特定

　DNA型鑑定を行うため唾液を採取したとしても実は汗かもしれないし単なる水かもしれない。ですから事件現場で綿棒などを用いてぬぐって採取された資料は，「〇〇から綿棒で採取したもの」とか「唾液ようのもの」として鑑定嘱託されます。そこで法医科では最初に，その体液資料が何であるかを特定し

表4-4 体液の種類を特定する試験法

体液	試験法	原理など
血液	抗ヒト血清沈降法	資料血液＋抗血清→境界に白色沈降輪を形成→人血
精液	精子の顕微鏡検査	精子の有無
	PSA検査キット	精漿中の前立腺特異抗原（PSA）の有無
膣液	細菌検査	トリコモナス菌，ガンジダ菌などの有無
唾液	ブルースターチ・アガロース平板法	ブルースターチが唾液中のアミラーゼで分解
汗	デタミナLA法	エクリン汗腺から出る乳酸の有無
皮膚	顕微沈降反応	抗血清入りのゲル＋試料→ゲルに生成する沈降輪を観察

ます。採取資料に唾液などの体液や皮膚などが付着していなければDNA型鑑定に回さずそこで終了します。

表4-4に体液が何であるかを特定する代表的な方法を掲載しました。それぞれの検査法の詳細は割愛しますが，法医学書に記載されている方法のほか，検査キットを用いる方法が採用されています。

(4) 血液型検査

血液型はかっての刑事事件では科学鑑定の花形でしたが，その特定幅の広さと妨害物質による誤判別が生じる問題のため，現在ではDNA型鑑定にその座を譲った感があります。しかし，身元不明事案では捜索対象者を絞る上で身元不明者の血液型（ABO式）情報は現在でも不可欠なのです。血液型といえばABO式と考えますが，実はルイス血液型，分泌型・非分泌型，Rh式などいくつかの血液型があり，複数の血液型検査を行うことで該当者を絞ることが可能となります。表4-5に主な血液型をまとめました。[2]

ここでABO式血液型の検査法を簡単に紹介します。血液は赤血球・白血球・血小板の血球成分と水分・蛋白質・糖類・無機塩類などの血漿成分から構成されています。赤血球の表面には250種以上の抗原があり，血清中には抗体が存在します。たとえば，A型の血液では赤血球表面にA抗原がありその血清中には抗B抗体があって，B抗原つまりB型の血液が入ってくると凝集させてしまう作用があります。血液の構成要素とその呼び方は次の通りです。

表4-5 主な血液型

血液型	血液型物質の存在場所	表現型
ABO式	臓器，血液，唾液，膣液，尿，汗，毛髪，皮膚，骨など人体のほぼすべて	A, B, AB, O
ルイス式	胃・胃液，唾液，精液など（骨・毛などの硬組織にはない）	Le (a+b-), Le (a-b+), Le (a-b-)
MN式	赤血球膜	M, N, MN
Ss式	分泌型 (Se)・非分泌型 (se)唾液などの体液，赤血球に存在しない	SS, Ss, ss
Rh式	赤血球	Rh+, Rh-

血球成分：赤血球・白血球・血小板・顆粒球・リンパ球など
血　漿：{水分・蛋白質・糖類・無機塩類　}血清
　　　　 フィブリノーゲン（血液凝固因子）
＊血清は血液をそのまま遠心分離してえられた上澄みでフィブリノーゲンを含まない。血漿は血液に凝固防止剤を加え遠心分離してえられた上澄みでフィブリノーゲン含有

　次にABO式血液型検査の方法を述べます。検査には赤血球にある抗原についての検査（おもて試験）と血清中の抗体（凝集素）の検査（うら試験）を併せて行います（図4-3）。これはおもて試験とうら試験の結果をつきあわせることでミスを防止するためです。

　血液型検査は輸血の適合不適合の判定や新生児の親子鑑定に用いられますが，人為的なミスが生じる場合があります。医療現場では人血そのものを用いて検査するわけなのですが，科学捜査では血液に雑多なものが混ざった状態で採取された「血こん」を検査することになり，血液型検査試料としては非常に状態が悪い試料といえるのです。ABO血液型がヒトだけのものならば問題はないのですが，自然界にはヒトと同じまたは類似したABO式血液型抗原が存在するのです。チンパンジーやオラウータンなどはヒトと同じように4種類の表現型（血液型）をすべて備えており，両生類や爬虫類にもA型，B型抗原を持つものがあります。動物界に限らず植物界にも完熟した実や菜類の葉に血液型類似物質が多量に含まれています。ルイス式の血液型においても，ABO式

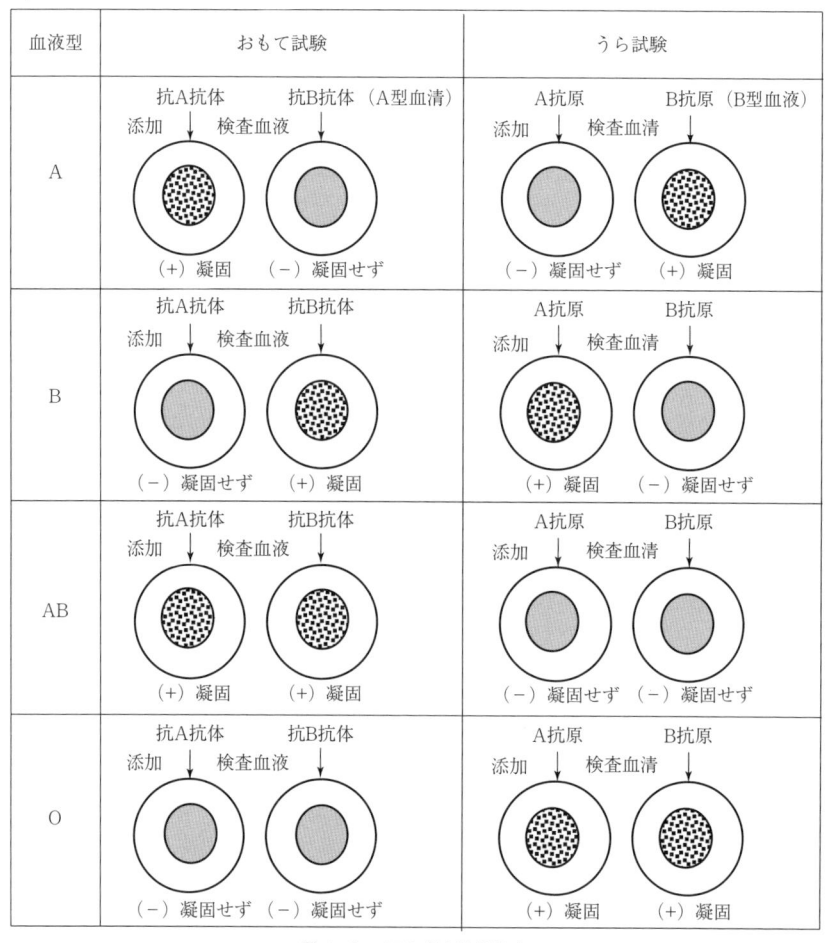

血液型	おもて試験		うら試験	
	抗A抗体	抗B抗体	A抗原（A型血清）	B抗原（B型血液）
A	(+) 凝固	(−) 凝固せず	(−) 凝固せず	(+) 凝固
B	(−) 凝固せず	(+) 凝固	(+) 凝固	(−) 凝固せず
AB	(+) 凝固	(+) 凝固	(−) 凝固せず	(−) 凝固せず
O	(−) 凝固せず	(−) 凝固せず	(+) 凝固	(+) 凝固

図4-3　ABO式血液型検査

血液型ほどではないのですが高等生物や植物にヒト類似の抗原が見出されています。[3]

　このようなことから，血液型検査では誤判定がおこる可能性があり，ABO式だけでなく複数の検査法を併用し正確を期する必要があります。また正しく判定できたとしても，その型に該当する者は多数いるわけですから，あくまでも傍証と考えるべきで，あたかも犯人が特定できたような過信は禁物です。

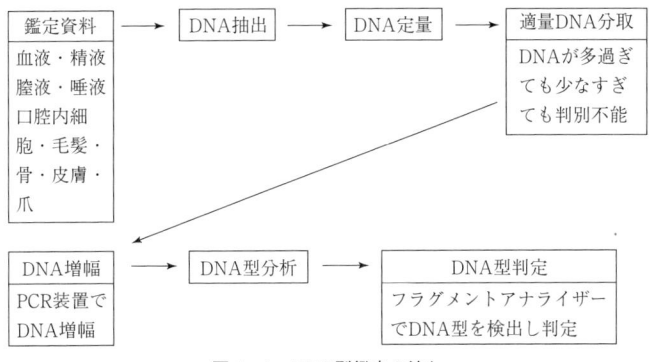

```
鑑定資料          適量DNA分取
血液・精液         DNAが多過ぎ
膣液・唾液  →DNA抽出→DNA定量→ても少なすぎ
口腔内細          ても判別不能
胞・毛髪・
骨・皮膚・
爪
                                    ↓
DNA増幅                          DNA型判定
PCR装置で →DNA型分析→ フラグメントアナライザー
DNA増幅                        でDNA型を検出し判定
```

図4-4　DNA型鑑定の流れ

（5）DNA型鑑定の実際

　現在では，資料が人血と判明したときは血液型検査を実施せず，すぐにDNA型鑑定を行っています。DNA型鑑定は概ね図4-4に示す流れで行われます。

　まず，資料の着衣などに付着する血液，綿棒でぬぐって採取された体液や皮膚片など鑑定資料を試験管チューブに入れ，DNA抽出キットや自動DNA抽出装置でDNAを取り出します。これをDNA定量装置でDNAの含有量を測定します。DNA型を鑑定する場合，DNAが多すぎても少なすぎても正確にDNA型の判定ができません。分析機器には検出限界というものがあり，それ以下ではノイズが邪魔するためDNA型のピークなのかノイズなのか判別できません。また，含有量が多すぎるとピークが測定領域を超えてしまい正しく判定できないのです。このようにDNAの含有量を測定し，濃い場合は分析に適当な量まで希釈します。

　この試料をPCRという増幅装置にかけ，分析しようとするDNAの部位を増幅，つまりその部位のコピーを作るのです。最大数百万倍に増幅できるため，$1\mu l$（1000分の1ml）の血液でもDNA型がわかるのです。

(a) DNA型とは

　図4-5（a）に示すように，細胞（赤血球など一部を除く）には核があり，その中に染色体があります。ヒトの染色体は23組の染色体があり，各組に2本ありますので46本の染色体があることになります。図4-5（b）の丸で囲ん

図4-5(a) 細胞の核

図4-5(b) 染色体

図4-5(c) 二重らせん状結合＝DNA

A	A	T	G
|	|	|	|
T	T	A	C

A	A	T	G
|	|	|	|
T	T	A	C

A	A	T	G
|	|	|	|
T	T	A	C

図4-5(d) 塩基の繰り返し

図4-6 DNA型の受け継ぎ方

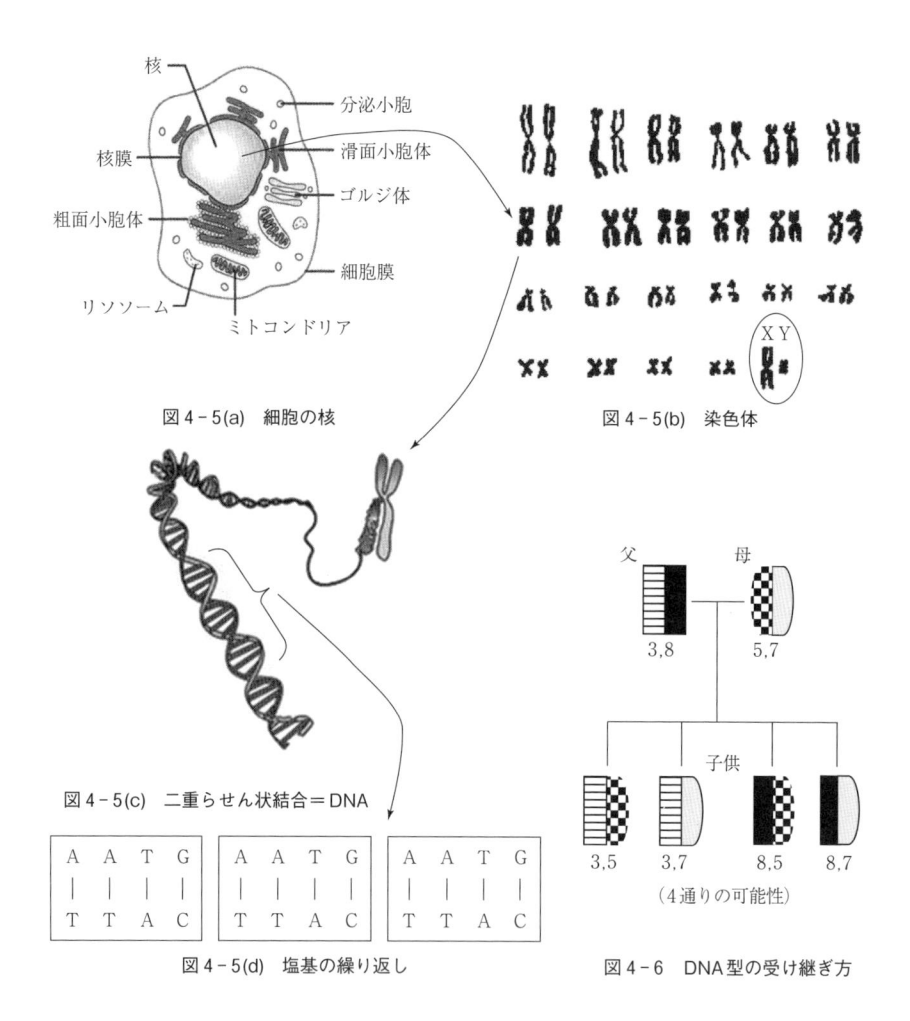

（4通りの可能性）

だ染色体は性染色体で，長い方がX染色体，短い方がY染色体で，この組み合わせがXYの場合は男性，XXの場合は女性となります。染色体は$2 \sim 10 \mu m$ほどの大きさですが，これをほどいて行くと数メートルもあり，その中を拡大すると2本のらせん構造が見えてきます（図4-5 (c)）。この二重らせん構造（二本鎖）の部分がDNA（デオキシリボ核酸）で遺伝情報の本体なのです。一つの細胞がもつDNA量はすべて同じで，一つの細胞がそのヒトのすべての遺伝情報

を持っているのです。

さて、このDNAの構造をよくみると、一定の規則性があることがわかります。DNAは核酸塩基、リボース（糖類）とリン酸でできていますが、核酸塩基（単に塩基といいます）にはアデニン（Aで示す）、グアニン（G）、シトシン（C）、チミン（T）の4種類があって、これらが結合しているのですが、AはTのみと、CはGのみと結合しているのです（相補的塩基対、図4-5 (d)）。この塩基のワンセットが繰り返される部分に着目し、DNAのある部位の繰り返し回数が図4-5 (d) のように3回あったとしましょう。DNAは2組づつありました（図4-5 (b)）から、もう一本の繰り返し数がたとえば5回あったとしましょう。そうするとこの部位のDNA型は3-5型となります。実はこの一方は父方から、もう一方が母から受け継いでいるのです（図4-6）。親子鑑定はこのDNA型の受け継ぎ方に矛盾がないかを見ています。

　（b）どうしてDNAが増幅されるのか

　DNA型鑑定を行う上でPCRという過程が非常に重要です。これは酵素を用いるポリメラーゼ連鎖反応という反応で、分析しようとするDNAの部位を短時間で数十万〜数百万倍に増やすものです。微量の試料を短時間に増幅するというこの技術のおかげで、現在の科捜研におけるDNA型鑑定が可能になったといっても過言ではありません。この方法の概略は図4-7のとおりです。

　まず、約94℃に温度をあげるとDNAの二本鎖は一本鎖に分かれます。次に増幅しようとする両端に結合するプライマーというDNA断片を加え、約59℃にすると一本鎖DNAの特定の箇所に結合し、この部位から72℃の条件下でDNA合成酵素により一本鎖DNAと相補的なDNA断片が合成され伸張します。もう一本のDNA鎖も同様に合成されるので二本鎖DNAの断片が合成されるのです。これを繰り返せば必要部位のDNA断片の濃度が増加していくのです。

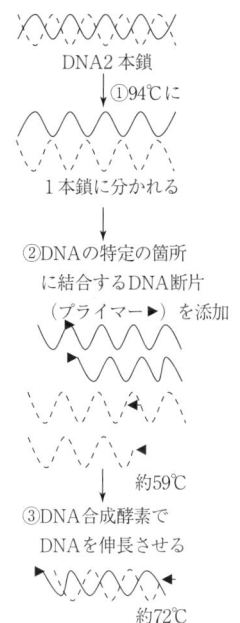

DNA2本鎖
↓①94℃に
1本鎖に分かれる
↓
②DNAの特定の箇所
　に結合するDNA断片
　（プライマー▶）を添加
↓　約59℃
③DNA合成酵素で
　DNAを伸長させる
　　　約72℃
必要部位のDNA合成
①②③を繰り返し必要な
部位のDNAの濃度を増
させる。

図4-7　PCRの原理

図4-8(a)　フラグメントアナライザー　　　図4-8(b)　DNA型分析の原理

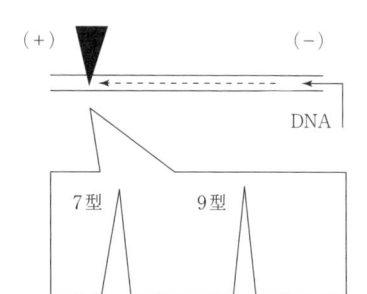

(c) DNA型はどのようにして決定されるのか

　個人差が出やすい特定部位を増幅したDNAは，フラグメントアナライザーという分析機器（図4-8 (a)）にかけられます。この原理のモデルを図4-8 (b)に示しました。DNAの断片は細い管の中をプラス極側に移動しますが，この際DNAの長さによって分離するのです。つまり，図4-5 (d) の塩基の繰り返しが多いほど長くなり短いものと区別できるのです。具体的には7回繰り返しがあるものは7型，9回繰り返しがあるものは9型として図4-8 (b) のようなグラフに表示されます。

　DNA型とは塩基配列の繰り返し数で，特にヒトに個人差があるとされる部位（座位という）を分析します。そして分析座位が多いほど個人特定の精度がよくなるわけで，有用な分析座位が研究されて年々増加し，最近（2011年）では16座位を分析し個人特定を行っています。これらすべての座位の出現頻度（確率）は4兆7千億人に1人という確率で個人特定されるとされています。世界人口は71億人ですから，十分にその個人と特定されるといってよいでしょう。ただし，この確率は出現頻度を単純に掛け合わせたものですから，実情を反映していないという指摘もあります。

(d) DNA型記録検索システム

　DNA型は犯人に結びつく重要な資料であるため，多くのDNA型のデータを集積し，ある事件の被疑者のDNA型と照合し合致すれば，早期に被疑者を検挙することができます。DNA型記録検索システムはこのような目的で警察庁

表4-6　DNA型採取対象罪種

罪　種	例
凶悪犯	殺人・強盗・放火・強姦
粗暴犯	暴行・傷害・脅迫・凶器準備集合
窃盗犯	窃盗
知能犯	詐欺・横領（占有離脱物横領を除く）・偽造・汚職・背任・公職者のあっせん行為
風俗犯	賭博・わいせつ
その他	公務執行妨害・住居侵入・逮捕監禁・器物損壊・その他

が主導して構築され運用されています。警察庁は世界のDNAによる捜査状況を見極めプライバシーの侵害にならないよう，慎重にこのシステムの導入を進めてきました。2011年時点では，表4-6の6罪種に限りDNA型データを集積するという枠を設定しています。

　このように無制限に被疑者のDNA型を採取することは規制されていますが，2012年2月に警察庁は被疑者や現場資料のDNA型の登録を積極的に行う方針を打ち出しました。これはDNA型記録検索システムにより余罪が判明し過去の事件が解決したり，DNA型が決め手となって被疑者を逮捕できたりするなど効果が出ているため，安心安全への国民の期待に応える警察としてさらに充実させる意向です。一方で，犯罪現場に残る資料の中には無関係な市民のものもあり，これが拡大して登録されると冤罪に発展するケースもあるとして危惧する法学者もいます[4]。

　市民生活の中で，放置自転車を失敬するケースがありますが，これは「占有離脱物横領」に当たりますので表4-6からその被疑者はDNA型を採取されることはないはずです。交通事故でも同様です。またどのような事件でも本人の同意の上で採取することになっていますから，採取を拒否することもできます。ただし，いくら拒否しても事件の被疑者として別に濃厚な証拠があれば，捜査上，明らかにしておかねばなりませんので，裁判所の鑑定処分許可状という裁判官の許可があれば，強制的にDNA資料を採取することができます。

　それではどのようなDNA型データベースがあり，どのように利用されているのでしょうか。DNA型データベースで重要なものは「被疑者DNA型記録」

と「遺留DNA型記録」です。「被疑者DNA型記録」は，先ほどの6罪種の事件で逮捕された被疑者の口腔内細胞のDNA型が警察庁に送信され登録されています。なお，参考人（家族など事件関係者）のDNA型は現場資料から消去する目的で採取されることがありますが被疑者でない限り登録はされません。「遺留DNA型記録」は，事件現場で遺留される血液や皮膚片などのDNA型で，検出されたDNA型が登録されます。この二つのデータベースで非常に多くのことが判明します。その例を次に示します。

ある強姦事件の精液斑のDNA型が判明
↓
「被疑者DNA型記録」に照会→合致データあり⇒ 被疑者特定
↓
「遺留DNA型記録」に照会→合致データあり⇒ 余罪判明

つまり事件現場に少しでもDNAが残っておれば，「被疑者DNA型記録」を検索すれば被疑者が判明し，さらに「遺留DNA型記録」を検索して過去の事件のDNA型にヒットすれば余罪，すなわち同様の事件を犯していたことが判明するのです。特に強姦事件や未成年略取誘拐，窃盗事件など再犯性の高い事件には極めて有効なのです。これは全国ネットですからたとえば青森で犯した強姦事件の犯人が鹿児島へ高飛びして再び別の強姦事件を犯したとしてもその連続性はすぐにわかるのです。

ただこのシステムにも問題はあります。被疑者が逮捕されてDNA型が登録されて始めて有効活用できるということです。以前に逮捕されていなければ被疑者を割り出すことはできません。ただし，「遺留DNA型記録」からその連続性だけはわかります。さらに全くの初犯は当然ながら「被疑者DNA型記録」にヒットしません。そこで，「国民皆DNA型登録」という意見も出てくるわけですが，善良な人まで捜査のため監視できるシステムは，国民のコンセンサスがなくては安易に導入することは困難と思われます。

DNA型データベースにはもう一つ「変死者等DNA型記録」があります。身元不明の遺体が発見された場合，このDNA型（血液または爪で分析）を警察庁に送信します。そして参考のため「被疑者DNA型記録」と照会します。もしヒッ

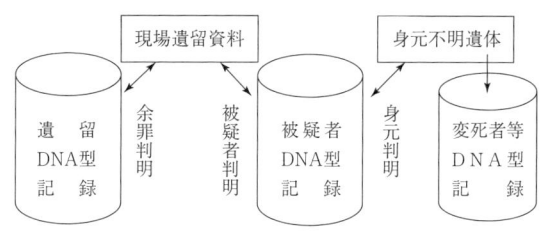

図4-9　DNA型データベース

トすれば被疑者死亡ということがわかります。つまり，犯罪の被疑者ならば身元がわかり遺族の元に帰ることができる，ということです。「国民皆DNA型登録」ならば誰でも身元がわかるのですが……皮肉なものです。

(e) DNA型鑑定の問題点

DNA型鑑定は1992（平成4）年頃からMCT118法が全国の科捜研に導入が開始され事件に応用されましたが，個人識別の確率が数100人〜1000人に1人と低いものでした。MCT118というのは染色体のDNAの場所を表す領域のことで，第1染色体末端にある1反復単位が16塩基の比較的長い繰り返しが存在する場所（ミニサテライトという）を示しています。現在使われているSTRによるDNA型鑑定法は，1反復単位が2〜5単位の短い繰り返し単位が特徴です（STRとはShort Tandem Repeatの略でそのような場所をマイクロサテライトという）。このような場所はヒトゲノム中に多く存在するためたくさんの領域を検査でき，多くの場所を検査するほど個人識別の確率を上げることができるのです。自動分析が可能で検査キットも市販されるなど，STRによるDNA型鑑定法は高精度な個人識別法としてだけでなく再現性や客観性に優れた方法として広まり，今や警察鑑定の中心をなすものとなっています。

ところが以前に実施されていたMCT118法によるDNA型鑑定では，足利事件のようにMCT118法による鑑定で同型とされた鑑定結果が，検察側推薦の再鑑定の結果不一致とされ，当時絶対的証拠といわれたDNA型鑑定の検証の必要性が唱えられました。5)この原因として，型判定の基準となるある種のマーカーが正しい型を反映していなかったことが指摘されています。さらに，当時の識別精度が低いことが捜査員にもよく理解されていなかったことも原因と考えられます。このようなことから，特に1992（平成4）年から2003（平成15）

表4-7　DNA型鑑定の注意点

注意点	原因（可能性）	対策
汚染物・夾雑物 （コンタミ， contaminant）	PCRでDNAを増幅するため微量の生体物質が混入すればそのDNA型が検出される。 ○現場に以前立ち寄った人 ○現場で救助活動・警察活動（立入り禁止措置，鑑識作業や捜査活動）をした人 ○被疑（害）者に事件事後（前）に接触（関係）した人［事件関係者・家族・友人・他］ ○鑑定作業に従事した人 ○DNA関係薬品の製造に従事した人	○事件関係者・現場立ち入り者の対照DNA型資料の確保 ○防塵防護服装着でDNA物質落下防止 ○作業台・写真台・実験台の清浄 ○鑑定前に空試験，標準物質試験実施
資料の取り違え	○事件現場（採取時・指紋等検査時・鑑定嘱託前整理時） ○鑑定作業（検査時・書類作成時）	ラベル，封印，写真撮影など
データベース登録	○鑑定書作成時のグラフの取り間違え ○DNAデータベース誤入力	○決裁でのチェック ○登録時のチェック 　送信前のチェック

年間のMCT118法をDNA型鑑定に適用していた事件の信頼性に目が向けられる状況になっているのです。

　2003（平成15）年にフラグメントアナライザーを用いたSTR型検査に移行しました。しかしこの最新のDNA型鑑定でも，事件への適用には細心の注意が必要で過信は禁物なのです。表4-7にその要点をまとめました。

■ 顔画像鑑定

　街中で発生する凶悪犯罪が多発し，街頭犯罪を防止するために「防犯カメラ」が積極的に設置されています。銀行などの金融機関のATMコーナーには必ず防犯カメラが設置されていますし，デパートやコンビニなど店内にも防犯カメラは設置されており，私たちは常に防犯カメラに記録されています。プライバシーとの兼ね合いで設置を規制する動きもありますが，DNA型と同様，住環境の安全を優先するのか個人の肖像権を優先するのかはその時代のその社会の私たちが決めることです。

　捜査とは，犯罪が発生してしまった後で，過去にさかのぼって時系列を解きほぐして犯人を追跡する作業です。したがって時間を逆戻りにして状況を見る「ドラえもんのめがね（？）」などがあればいいのですが，時間は一方通行で不

可逆と決まっていますので，捜査はどうしても人の過去の記憶やモノに刻まれた過去の歴史を調査するしかないのです。しかし，防犯カメラはその過去の状況を画像として記録しており，まさに過去にさかのぼってその状況を見る「神の目」のようなアイテムなのです。

最近の防犯カメラは画素数も増加し鮮明な画像を提供してくれます。しかし，犯人を追跡するにはその身なりや人相がある程度わかっていなければ探しようがありません。そこでまず，犯行時間が特定され目撃者がいれば似顔絵が作成されます。さらに特徴的な所持品（帽子やバックなど）が特定され，これらの犯行時間・人相・服装・所持品などの情報を基に数名のモニター担当の捜査員が提供を受けた防犯カメラ画像の解析に当たります。

犯罪場所周辺の複数の防犯カメラ画像を解析することにより，どこから侵入しどの方向へ逃走したか，さらにどのルートで……という具合に犯人の足取りを追跡することが可能になってきています。

さて問題は，この画像が被疑者本人だということを証拠として裁判所へ提供する場合です。捜査員が見て「同じだ」といっても通用しないのです。専門の鑑定職員が科学的に解析して判定する必要があります。特に，逮捕した被疑者が「これは自分ではない」と容疑を否認した場合は，その真偽を明らかにしなければなりません。

そこで登場するのが顔画像鑑定です。つまり防犯カメラの画像と被疑者の写真画像が同じかどうかを鑑定するのです。この鑑定には頭蓋骨（骨学では「とうがいこつ」と読む）の形態特徴が基本となります。頭蓋骨の形態は白骨死体の性別・年齢判定にも使われますので，その特徴点の概略を述べます。

図4-10と表4-8に，日本人の男女の頭蓋骨の一般的な特徴を掲載しました。外観は男性がゴツゴツし女性は比較的滑らかなイメージです。男性の頭蓋骨には，眉毛の下の眉弓という庇のような骨の隆起がみられますが，女性では著しい隆起はみられません。前頭部（おでこ）は，男性では後方（おでこの上側）に傾斜していますが，女性ではほぼ垂直で傾斜角度に相違があります。さらに，男性では乳様突起という耳の下部後方に突起が見られますが女性はこれが小さく，また男性では，外後頭隆起という後頭部にたんこぶのような隆起が見られますが，女性にはありません。これらの突起や隆起は筋肉を支えるためと考え

図4-10 頭蓋骨の性差 6)に準拠

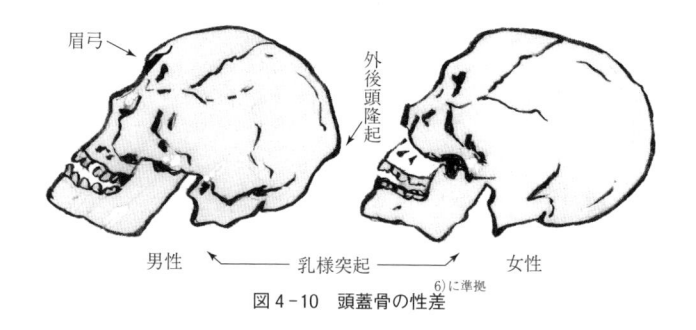

られており男性に特徴的です。しかし近年，食生活などの影響のため男女の頭蓋骨の性差が見られなくなる傾向があり，従来の判別法では識別できにくくなる状況にあります。

(1) 二次元顔写真鑑定

表4-8 頭蓋骨の特徴点

部位	男性	女性
大きさ	大	小
眉弓の突出	顕著	軽度
眉間の発達	強	弱
前頭部	後方に傾斜	垂直
乳様突起	大	小
外後頭隆起	あり	なし

二次元というのは平面ということで，つまり一枚の現場写真(画像)と本人の写真(画像)が同じかどうかを判定するのが二次元顔画像鑑定です。これを行うケースには次のような事案があります。

(a) 身元不明白骨死体

白骨死体が発見された場合，全身の骨を捜索しこれを骨格の所定の位置に並べて，身長・性別・年齢などの推定をしますが，しばしば野犬などが手足などの骨を持ち去って復元できない場合があります。このような場合は，DNA型鑑定が可能な爪が入手できず，また骨のDNA型鑑定は非常に難しいため，身元の手がかりを頭蓋骨に頼るしかありません。

そこで頭蓋骨の画像と捜索願いが出ている家族から提供された本人の顔写真(画像)を比較することになります。その方法は解剖学の立場から，頭蓋骨の各部位の計測値と生前の写真の計測値が整合的かどうかを検討して行われます。

(b) スピード違反被疑者の特定

高速道路などの幹線道路にはオービスという自動速度違反取締装置が設置さ

れています。速度違反した場合には自動車ナンバーと運転者の顔画像が撮影されます。するとナンバーから所有者がわかりスピード違反の通知が届きそれ相当の反則金となるのですが，中には撮影された本人の顔画像を提示しても，執拗に「自分ではない」と違反事実を否認する者がいるのです。そこで二次元顔画像鑑定となります。オービスで撮影された顔画像と被疑者として撮影された顔画像を付き合わせ，解剖学的見地から各部位を測定し判定するのです。このようなケースでは，運転免許証が偽造であったり，身代わりに出頭してきていたりなど悪質なケースが多いようです。間違って逮捕することがないよう，念には念を入れて捜査を行う必要があります。

(2) スーパーインポーズ法

スーパーインポーズ法は二次元顔画像鑑定を，パソコンにインストールしたソフトで解析するもので，画像を重ね合わせ，輪郭・肉の厚み・顔の各部位の位置関係を解剖学的に検討し個人識別を行うものです。鑑定における個人差や主観を抑えることができ，よりよい顔画像鑑定法といえます（図4-11）。

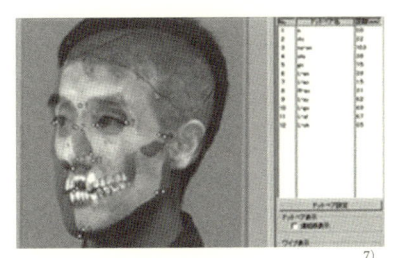

図4-11 頭蓋骨と顔写真の重ね合わせ像 [7]

(3) 三次元顔画像識別システム

防犯カメラで撮影された犯人の顔は，正対していることはまずありえず，ほとんどが横や下を向いた画像となります。このような画像では被疑者画像との比較は困難でしたが，三次元で被疑者の顔画像を撮影し計測できる方法が研究され，三次元の立体画像が得られるようになりました。そして，現場の防犯カメラの撮影角度と同じ方向からの被疑者顔画像を重ね合わせ，その合致する度合いを検討することで個人識別を行うのです。

図4-12（a）は三次元顔画像識別システムで，コンピュータの右横のボックスは，被疑者の三次元の顔画像を撮影する場所です。図4-12（b）は斜め右上の角度から撮影された防犯カメラ画像との重ね合わせた例です。

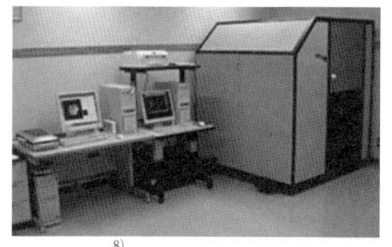

図4-12（a）[8] 三次元顔画像識別システム 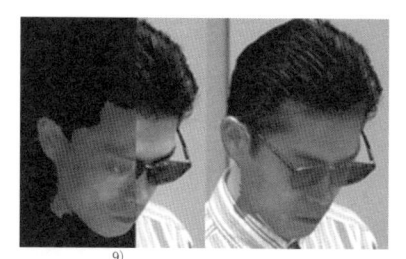　　図4-12（b）[9] 二次元カメラ画像と三次元顔画像の重ね合わせ像

3　化　学　科

　化学科の鑑定資料は多岐に渡り，鑑定資料を大きく分けると薬毒物関係，工業製品関係，自然由来物関係に分けられます。

［薬毒物鑑定］
- 覚せい剤取締法にいう覚せい剤
- 麻薬及び向精神薬取締法にいう大麻（大麻については別に「大麻取締法」で大麻の栽培・譲り渡し・譲り受けを制限）やあへんなどの麻薬と医療機関の主に精神科で処方される向精神薬
- 毒物劇物取締法にいうトルエンや農薬など
- その他の毒劇物（金属毒，毒ガス，植物毒，アルコールや家庭用品など）
- 一般薬（市販薬）

［工業製品鑑定］
- 油類…石油製品（ガソリン，灯油，軽油，重質油など），油脂など
- 塗料・塗膜…自動車塗膜，家庭用塗料，防犯ボール，スプレーなど
- プラスチック…ポリ袋，家庭用品，自動車部品など
- 繊維…着衣，単繊維片，糸，紐，ロープなど
- トナー・紙類…トナー，コピー用紙，上質紙，テッシュペーパー，トイレットペーパーなど
- 色材…インク，釉薬（うわぐすり），化粧品（口紅）など
- 金属…貴金属，工具片，メッキ片，鉄鋼，合金，溶接粒など
- ガラス…板ガラス，合わせガラス，強化ガラス，特殊ガラス，食器など
- 火薬類…爆発残渣，手榴弾，工業火薬，玩具花火など
- 水質（環境汚染）…水素イオン濃度，浮遊物質量，有害金属，シアン化物イオン濃度，その他

［自然由来物鑑定］
・植物片…種子，花粉，葉片（植物細胞）など
・土砂・岩石…土壌，鉱物，建築材料（骨材，レンガ）など

以上のように，化学は鑑定対象の範囲が広く，科を二～三科に分けて対応している府県が多くあります。科捜研で鑑定できないものは他府県の科捜研の専門家に鑑定してもらったり，大学の専門家などに鑑定をお願いしたりすることになります。次にそれぞれの鑑定についてやや詳しくみてみましょう。

■ 薬毒物鑑定

(1) 覚せい剤

覚せい剤は疲れや倦怠感を除去する作用があるということで，戦時中覚せい剤「ヒロポン」は軍用として使われていました。これが戦後，市中にあふれ出し依存症患者が増加するなど社会問題となったため，1951年，覚せい剤取締法が制定され一時は沈静化しました。しかしその後，水面下で密売され暴力団の資金源となり，現在も覚せい剤事件は後を絶たない状況が続いています。

覚せい剤とその原料は，所持・譲渡・譲受・使用と輸入・輸出・製造が禁じられています。国内に出回る覚せい剤は，台湾・中国・北朝鮮・東南アジアなどで製造され持ち込まれたものが主流でしたが，最近ではアフリカや中南米で製造され持ち込まれるケースが増えているようです。

覚せい剤は中枢神経を刺激し活性化（覚醒）させ，疲労感をマヒさせ食欲を減退させる作用があるため，やせ薬，眠気防止に使用されたり，性交刺激亢進などの目的で使用されたりするケースもあるようです。覚せい剤は中枢神経を活性化する作用であり麻薬のような酩酊させる作用とは逆のものですが，麻薬と同じように依存性が強く常習化するため「人間失格」に陥り易いのです。

日本国内で密売される覚せい剤はメタンフェタミン（化学名１－フェニル－２－メチルアミノプロパン）で，微量の無機塩類（塩化ナトリウムなど）を含むことがあります。アンフェタミン（フェニルアミノプロパン）という覚せい剤は国内ではほとんど密売されていませんが，メタンフェタミンを使用すると体内で代謝作用によりアンフェタミンが生成し尿中に排泄されます。したがって，尿の覚せい剤鑑定でアンフェタミンが検出されれば，確実に「被疑者が使用した」ということが証明できるのです。つまりアンフェタミンが検出されない場合は，

メタンフェタミンを摂取して間もない時期に採取された尿か，または何かの理由で覚せい剤メタンフェタミンが尿に混入したという疑いがでてくるのです。

覚せい剤に手を出している人は「メタンフェタミン」とは言わず「シャブ」,「スピード」,「S」などの隠語を使っているようです。摂取の方法は，覚せい剤粉末を溶かして注射器（「ポンプ」）で静脈注射する方法や，覚せい剤の水溶液をスプーンに取りライターであぶって揮発した覚せい剤を吸引する例もあります。このような覚せい剤中毒者は一見，活動的ですが落ち込みも激しく，痩せ身で歯の衛生状態が良くない人（虫歯）が多いようです。そして反復使用すると数ヶ月後，幻覚や幻聴，被害妄想などの中毒性精神病を発病します。このような状態になると，その後の治療で治ったとしても，飲酒やストレスなどをきっかけに中毒性精神病の症状が再燃（フラッシュバック）するのです。このような時に錯乱状態になったり凶暴になったりすることがあるため大きな事件を引き起こしてしまう危険があるのです。

現在，覚せい剤に代わるものとして合成麻薬という一連の薬物が出回わっています。代表的なものはMDMA（メチレンジオキシメタンフェタミン，俗称「エクスタシー」）で，一時期インターネットで容易に購入でき，錠剤であるため摂取が簡単という利便性から広がりました。現在では麻薬及び向精神薬取締法で規制されています。

また，医療で汎用されてきた「リタリン」も「合法シャブ」といわれるように覚せい剤代替品として使用が広がったため，処方や流通が厳格化され医療現場では簡単に処方されなくなりました。リタリンは注意欠陥多動性障害（ADHD）の子供やうつ病患者に投与された中枢神経刺激薬でメチルフェニデートが主成分です。最近，覚醒作用を有する植物としてカート（カット）が問題となりつつあります。これはケニア・ソマリア・エチオピア・イエメンなどで栽培され使用されているチャットという植物の葉をかむものです。成分はカチノン（2-アミノ-1-フェニル-1-プロパノン）で覚せい剤メタンフェタニンに構造がよく似ています（図4-13）。なお，覚せい剤・麻薬の推定致死量を巻末の別表1[10]に掲載しました。

メタンフェタミン

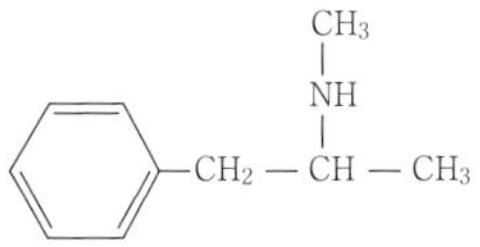

メチルフェニデート

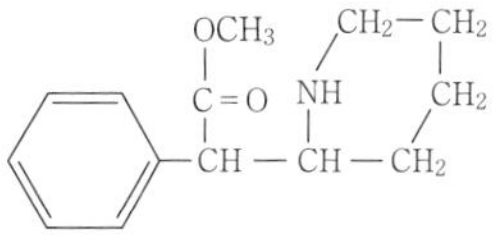

アンフェタミン

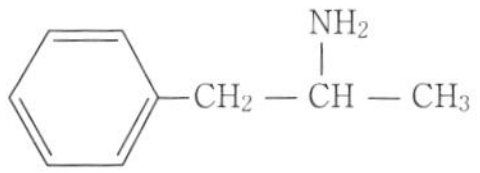

カチノン

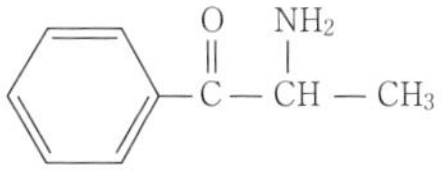

図4-13　覚せい剤関連物質の構造式

（2）大　　麻

　大麻取締法では「大麻」とは，大麻草（カンナビス・サティバ・エル）及びその製品をいいます。ただし「大麻草の成熟した茎及びその製品（樹脂を除く）並びに大麻草の種子及びその製品を除く」となっており，大麻取扱者でなければ大麻を所持し，栽培し，譲り受け，譲り渡し，又は研究のため使用してはならない，と定められています。

　麻にもいろいろありますが，衣服，紙や縄などに使われる麻は「大麻」とは違う品種の麻です。では大麻とはどんな麻かというと，それは日本にも昔から山野に自生している「麻」のことで特別なものではありません。植物学での分類を表4-9にまとめました。

　ただ困ったことに，大麻にはテトラヒドロカンナビノール（THC）という成分が含まれており，これが中枢神経に作用し幻覚，幻聴，多幸感，陶酔感などの症状を発現させるのです。これは麻薬と同類の作用で大麻に依存するようになりさらに強い麻薬に進む危険性があるのです。

　大麻草のスケッチ（京都薬科大学薬用植物園にて）を図4-14（a）に，葉片の裏に観察される剛毛（顕微鏡写真）を図4-14（b）（40×，スケッチ）に示します。大麻取締法違反事件で押収される資料には表4-10のようなものがあります。

表4-9 麻の分類

目	科	植物一般名	用途
イラクサ目	イラクサ科	苧麻（ラミー）	衣料用
	アマ科	亜麻（リネン）	衣料用
	アサ科	大麻（ヘンプ）	製紙，建材
アオイ目	シナノキ科	黄麻（ジュート）	麻袋，カーペット

By Y.Hiraoka

図4-14（a） 大麻草　　図4-14（b） 剛毛

表4-10 大麻押収物

	通称	備考
乾燥大麻	マリファナ	大麻草を乾燥させ，きざんでタバコのように吸引
大麻樹脂	ハッシッシ	乾燥大麻を練り固めたもの，吸引器具で吸引
液体大麻	ハシシオイル	ハッシッシをエタノールなどで抽出したもの

次に大麻の検査法の概略を示します。

・顕微鏡検査：大麻草の葉片の裏面や大麻樹脂中に剛毛が多数観察されます。
・簡易検査キットによるTHCの検査
・薄層クロマトグラフィー（TLC）による大麻成分の検査
・ガスクロマトグラフ質量分析法（GCMS）による大麻成分の検査

大麻草の有効成分にはTHCのほか，CBD（カンナビジオール）やCBN（カンナビノール）などが検出されることがあり，これらの成分も検査をしています。

(3) 麻　　薬

麻薬及び向精神薬取締法にいう麻薬とは，アヘン，モルヒネ，ヘロイン，コカイン，THC（大麻草の成分），LSD，MDMAとなっています。次の表4-11にこれらの麻薬をまとめました。

アヘンなどの麻薬は陶酔感や多幸感をもたらす点で，覚せい剤のような興奮

表4-11　麻薬の種類

麻　薬	説　明
アヘン	けしの実（未熟果）の分泌物を乾燥させた半固形物，数％程度のモルヒネ含有
モルヒネ	アヘンから分離・精製した依存性の強い麻薬。麻酔鎮痛剤として医療で使用
ヘロイン	モルヒネを酢酸処理（ジアセチル化）して得られる極めて強い麻薬
コカイン	コカの葉から抽出される麻薬。中枢神経に作用し精神を高揚させる点で覚せい剤に類似
LSD	リゼルギン酸ジメチルアミド，幻覚作用を有する合成麻薬
MDMA	メチレンジオキシメタンフェタミン，覚せい剤類似の興奮作用と幻覚作用を有する合成麻薬

剤とは逆の作用をもつものです。しかしコカインやMDMAのような覚せい剤類似の作用をもつ麻薬もあります。これらの薬物も簡易キットで予備試験し，反応陽性であれば最終的にGCMSで分析し確認します。

けしが違法に栽培されていたような事件では，その植物があへん法により栽培禁止となっているけしなのかを判定します。栽培禁止となっている品種は

・ケシ（ソムニフェルム種, *Papaver somniferum*）
・アツミゲシ（セティゲルム種, *setigerum*）
・ハカマオニゲシ（ブラクティアツム種, *bracteatum*）

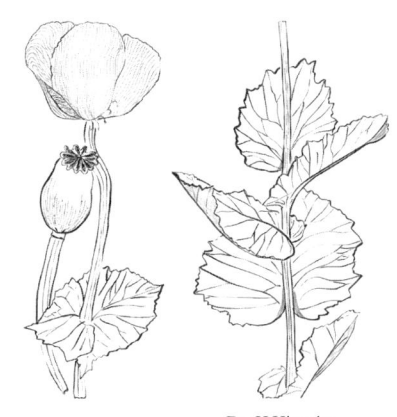

By Y.Hiraoka
図4-15 (a) 花弁・果実　図4-15 (b) 葉・茎

の3種で,その形態は,茎は太く草丈が1メートル以上になり,葉・茎・つぼみの表面は無毛で,葉は茎を巻き込みようについているのが特徴で,モルヒネを含有しています。その他のけし,たとえばヒナゲシ,オニゲシ,チシマヒナゲシなどはモルヒネを含有せず規制対象外となっています。図4-15にソムニフェルム種のケシのスケッチを掲載しました。

(4) 脱法ドラッグ・脱法ハーブ

現在,インターネットの通販などで広がり,その種類も増加して規制が追いつかなくなっている麻薬・覚せい剤類似の薬物が脱法ドラッグや脱法ハーブ(合法ハーブ・合法アロマ)と呼ばれるものです。脱法ドラッグのおおまかな分類を表4-12に,脱法ドラッグの一例を図4-16に掲載します。

脱法ハーブは香草に脱法ドラッグの成分を添加したもので,脱法ドラッグと変わりありません。たとえば「スパイス」は香草に合成カンナビノイド(THC類似化合物)を添加したものです。2014年7月22日,これらのものは,「危険

表4-12 脱法ドラッグの分類

分類	薬効など	例
ケミカルドラッグ	トリプタミン系幻覚剤	5-MeO-DMT など
	フェネチルアミン系幻覚剤	2C-B,2C-T-7 など
ナチュラルドラッグ	幻覚作用を有するアルカロイド	マジックマッシュルーム 合成カンナビノイドなど
亜硝酸エステル類	催淫剤(媚薬)「ラッシュ」	硝酸イソブチル,亜硝酸イソアミルなど

ケミカルドラッグの例　　　　　　　　「ラッシュ」など

図4-16 脱法ドラッグ[11)]

ドラッグ」と改称され，追加指定や包括指定で指定薬物として規制されています。

(5) 向精神薬

　精神科の病院で処方される薬剤を向精神薬といい，用途によって催眠剤（催眠導入剤）・抗精神病薬・抗うつ薬に分類されます。向精神薬の大量服用により自殺する事案が後を絶たず，変死事案（死因がわからない事案）では自他殺を判定するため，死亡者の血液資料の薬毒物鑑定が実施されます。

　第三者（目撃者）の目前で死亡したケース以外の死に方をした場合は「変死」扱いとなり，その死因の特定が行われます。たとえば独居老人の孤独死，虐待やDV（家庭内暴力）による死亡，水死や転落死，交通ひき逃げ事故死，老人施設での死亡や医療現場での死亡で不審な点がある場合など，すべて変死扱いとなります。

　変死事案では本部捜査一課の刑事調査官などが現場に向かい，死体の検視を行って死因を究明します。この際に警察医（監察医）に依頼して死亡者から血液を採取し，これを科捜研化学科に鑑定嘱託し，科捜研で薬毒物の定性（薬毒物があるかないか，あればその名称）を行います。致死量が問題となる場合は，定量（その薬毒物の含有量）を検査します。死因が特定できない場合は，大学医学部の法医学教室に依頼し，刑事調査官立会いのもと解剖医が解剖して死因を究明します。最近，大学での解剖が非常に増加してきています。

　死因が特定されれば，遺族に死体を返却しますが，葬式などの都合で迅速に行わねばならないため，科捜研も休日は自宅に当番で待機（または出勤）し，緊急対応できるよう態勢を整えています。逆に死体の引き取り手が見つからない独居老人や行方不明者の死亡の場合は，警察署の霊安室で保管しなければなりません。変死が連続し引き取り手がないと警察署には保管施設が少なく非常に困ったことになります。特に不明者の死亡の場合は，身元の捜索を行って近親者を探し出し，両者の親子関係などをDNA型鑑定で特定する必要があり，大変時間がかかります。このような変死事件では死亡者の親族の方に確実に遺体をお引取りいただき，他家のお墓に入ることのないよう，警察はアフターケアを行っているといえます。変死事案が病死でもなく自殺でもなければ「他殺！」ということになり警察本部や警察署の捜査一課は色めき立ち，重要事件

表4-13 催眠剤

分類	薬品名,「」は商品名の一例	薬効
ベンゾジアゼピン系	ニトラゼパン「ベンザリン」 トリアゾラム「ハルシオン」	中時間型催眠剤 超短時間型催眠剤
チアノジアゼピン系	ブロチゾラム「レンドルミン」	短時間型催眠剤
バルビツール酸系	フェノバルビタール「フェノバール」	長時間型催眠剤
バルビツール酸系＋フェノチアジン系	フェノバルビタール＋クロルプロマジン「ベゲタミン」	長時間型催眠剤
抗ヒスタミン系	ジフェンヒドラミン「ドリエル」	睡眠改善薬
その他	ブロムワレリル尿素「ブロバリン」	短時間型催眠剤

表4-14 抗精神病薬

分類	薬品名「商品名」の一例	薬効
フェノチアジン系	クロルプロマジン「コントミン」	統合失調症治療薬
ブチロフェノン系	ハロペリドール「セレネース」	統合失調症治療薬
ベンズアミド系	スルピリド「ドグマチール」	幻覚・妄想抑制
ベンゾジアゼピン系	オランザピン「ジプレキサ」	統合失調症治療薬

表4-15 抗うつ剤

分類	薬品名「商品名」の一例	薬効
三環系	塩酸アミトリプチリン「トリプタノール」	うつ病,不安障害
四環系	塩酸ミアンセリン「テトラミド」	うつ病

表4-16 抗てんかん剤

分類	薬品名「商品名」の一例	薬効
バルビツール酸系	フェノバルビタール「フェノバール」	継続性てんかん
ベンゾジアゼピン系	ジアゼパム「セルシン」	重篤性てんかん
ヒダントイン系	フェニトイン「アレビアチン」	抗けいれん
イミノスチルベン系	カルバマゼピン「テレスミン」	抗てんかん,向精神薬
分子脂肪酸系	バルプロ酸ナトリウム「デパケン」	突発性てんかん

や特異事件の場合には「捜査本部（連続事件や社会的反響の大きい場合は「特別捜査本部」）」を管轄警察署に設置し，捜査体制を構築します。

表4-13～4-16に自殺にしばしば使用される向精神薬の例を掲載します。なお向精神薬の推定致死量などを巻末の別表2に掲載しました。[12)13)]

向精神薬は「トライエージ（商品名）」などの簡易検査キットでスクリーニングし，薬物の系統が判明すればGCMSを使って薬物を特定します。その含有量を分析（定量）する場合は，含有量が既知の粉末（または水溶液）を対照に未知試料中の薬物濃度を分析します。その濃度が致死量かどうかは，死亡者の体重や体質により異なるため，致死量を明確に判定できない場合があります。通常は現場にあった薬包紙や空のパッケージの数など自殺の状況を考慮し判断することになります。

催眠剤は多量服用による自殺事案だけでなく，「昏睡強盗」といって催眠剤を混ぜた飲食物（コーヒーやお酒など）を被害者に提供し，意識を失った後に金品を窃取する事案で問題となります。また「昏睡強姦」といって同様の手口で意識不承の状態にして強姦するケースもあり，このような場合は被害者に被害の記憶がないことが多いため，難しい捜査を強いられることになります。知らない人にコーヒーやお酒などを勧められたときは，まず催眠剤などの混入を疑うべきで，毅然と断る勇気がなければ本人に取り返しのつかない被害がふりかかることを知るべきです。

(6) 毒物・劇物

科捜研では毒物及び劇物取締法に定める毒物や劇物のほかに，非常に多種多様な毒劇物や有害物質を鑑定します。中には扱い方を間違えれば毒物になるもの，たとえば洗剤や漂白剤などの家庭用品があります。ここでは，毒物及び劇物取締法に定める毒物や劇物に限らず，殺人や自殺に使用される毒劇物，医療現場で使用される医薬品，そして家庭用品で危険なものについて説明します。

毒物及び劇物取締法に定める毒物と劇物は表4-17のように分類されています。毒物はさらに特定毒物といって極めて毒性が強く汎用されるものが指定されています。

毒物及び劇物取締法に基づいてシンナーなどの乱用事案を取締まり，工場での毒劇物の保管や届出など義務違反を取締ります。刑事関係では殺人または自

表4-17 毒物及び劇物取締法に定める毒物と劇物

	致死量（g）	品名（例）	品目数
毒物	約2	シアン化カリウム・黄燐・砒素・水銀・ニコチン・アジ化ナトリウムなど	89
		特定毒物……アルキル鉛・モノフルオール酢酸など	9
劇物	2〜20	トルエン・酢酸エチル・メタノール・アンモニア・塩化水素・クレゾールなど	93

殺事案や異物混入事案で毒劇物が問題になります。ほとんどの変死事案で毒劇物の検査が行われるといっていいでしょう。

　殺人や自殺に使用される毒劇物は，時代とともに変化し，ある事件で農薬のパラコートが使われるとそれが流行のように伝染する傾向があります。戦後間もない時期は青酸カリ（シアン化カリウム）や砒素が主流でしたが，次第に農薬が使われるようになり，昭和60年代に入るとパラコートが主流になりました。その後，トリカブトや筋弛緩剤，サリンなど想像もしなかったような有機毒が使われました。そんな時，和歌山で毒入りカレー事件が発生しました。使用されたのは砒素。これは盲点でした。鑑定担当者は私も含め「砒素は昔の毒」だと思っていました。金属毒への警戒が緩んでいたと思います。1998（平成10）年には各地でアジ化ナトリウムを使用した異物混入事件が発生しました。そして1998（平成20）年には硫化水素による自殺（殺人未遂事案を含む）が各地で多発しました。これまでに事件に使用された毒劇物について，やや詳細に見て行くことにしましょう（以下化学物質の種類により分類した。推定致死量・摂取時の症状などは巻末の別表3参照）[14)15)16)]。

（7）有毒塩類

　（a）シアン化カリウム（青酸カリ）・シアン化ナトリウム（青酸ソーダ）

　青酸カリはメッキ用などの工業薬品として入手しやすく，自殺や他殺事案では必ずチェックしなければならない毒物です。青酸カリは化学名をシアン化カリウムといい，胃に入ると胃液（強酸性の塩酸）と反応して青酸ガス（シアン化水素）が発生します。シアン化ナトリウムでも同じです。このシアン化水素のシアン（シアン化物イオン）が血液中に吸収されて肺に回り，ここで呼吸を担うチトクロムオキターゼという酵素の作用をシアンが妨害するため，細胞に酸素

が行き渡らなくなって細胞呼吸障害となり，高濃度では無呼吸による窒息死に至るのです。また火災などでシアン化水素ガスが発生することがあり，呼気吸入することがありますので注意が必要です。燃焼によりシアン化水素ガスが発生する材料はアクリル系樹脂・繊維，ポリウレタン，ナイロン，絹・羊毛などです。

青酸カリによる死亡では，摂取者の呼気からシアン化水素が発生，または残留しており，マウストゥマウス（口から口へ）の人工呼吸は厳禁です。死体所見としては，鮮紅色の死斑（一酸化炭素中毒死に類似）や口腔内にアーモンド臭（甘酸臭）がすることなどが上げられます。

［主な事件］
・小学校校長殺人事件（1935年）呼び出された男に青酸カリ入り紅茶を飲まされ死亡
・連続毒殺強盗事件（1946年）東京・鈴鹿・名古屋，青酸カリで毒殺，現金強奪
・帝銀事件（1948年）東京，青酸化合物が使用か（？）。行員等12名殺害
・東大助教授毒殺事件（1950年）東大助手がウィスキーに青酸ナトリウム混入し助教授毒殺
・茨城一家9人殺害事件（1954年）青酸カリで殺害後放火，被疑者は青酸カリで自殺
・青酸カリ入り飲料連続殺人事件（1955〜56年）下関・倉敷・水戸他
・ホテル日本閣事件（1958年）栃木県塩原，ホテル経営夫婦と夫を青酸カリで毒殺
・青酸牛乳殺人事件（1961年）大阪，父親毒殺目的で自宅前に放置，近所の中学生が飲み死亡
・昭和30〜50年代は同様事件発生(1956年)東京杉並区／(1959年)東京品川区／(1961年)茨城県鹿島郡／(1962年)福岡筑後市／(1967年)千葉市／(1977年)東京，青酸コーラ無差別殺人事件
・青酸チョコレート事件（1979年）東京，青酸ソーダ入りチョコレート放置，犯行声明文あり
・グリコ森永事件（1984〜85年）青酸ソーダ入り菓子をばらまき企業を脅迫
・青酸烏龍茶殺人事件（1998年）長野県須坂市，冷蔵庫の烏龍茶を飲んだ男性が死亡

(b) アジ化ナトリウム

アジ化ナトリウムは薬品や食品の防腐剤として用いられ，また自動車のエアバックの起爆剤などとして用いられています。1998（平成10）年に伝播的に各地でアジ化ナトリウムを飲料に混入させる事件が多発しました。

アジ化ナトリウムは胃酸によってアジ化水素になり，アジ化物イオンがカタ

ラーゼ（体内の過酸化水素を分解する酵素）の働きを阻害するため，血中のヘモグロビンが酸化されてメトヘモグロビン（ヘモグロビンの2価鉄が酸化され3価鉄になったもので,酸素を運ぶことができない）の濃度が上昇,細胞死に至るものです。死体所見としては，体内に酸素が行き渡らなくなるため，唇や爪が静脈血のような紫色になるチアノーゼが見られます。なお，チアノーゼは肺気腫や心疾患のため酸素欠乏となって発生することもあります。

[主な事件]
- ポットにアジ化ナトリウム混入事件（1998年）新潟　木材防腐処理会社／三重大学生物資源学部／愛知県岡崎市国立研究機構生物学研究所／京都市国立宇多野療養所
- 宇治徳洲会病院医療過誤事件（2002年）看護士が誤って薬としてアジ化ナトリウム渡し患者死亡

(c) フッ化ナトリウム・フッ化カリウム・フッ化水素酸

フッ化ナトリウムなどは化学薬品，工業薬品として使用されるものですが，歯科で歯治療用として用いられています。胃に入るとフッ化水素酸が発生し，これは最強の酸であり臓器を腐蝕し壊死させるため，ショック死する場合もあります。

事故例としては，1982（昭和57）年，八王子市の歯科医師がフッ化水素酸をフッ化ナトリウムと間違えて女児の歯に塗布したため，女児が死亡した痛ましい事故例があります。

(8) 金 属 毒

(a) ヒ素（亜ヒ酸）

ヒ素には無機ヒ素と有機ヒ素があり，無機ヒ素には3価のヒ素と5価のヒ素があります。このうち猛毒なのは3価のヒ素で，通常，三酸化二ヒ素（As_2O_3）が殺鼠剤・殺虫剤・除草剤に使われます。三酸化二ヒ素は水和して亜ヒ酸（$As(OH)_3$）になります。自然界では3価のヒ素は酸化されて5価のヒ素，つまりヒ酸（H_3AsO_4または$AsO(OH)_3$）になり，毒性は3価ヒ素よりも3分の1程度になります。ただし，地中でも還元状態の場所や井戸水では3価ヒ素で存在しますので中毒を起こすことがあります。有機ヒ素の代表的なものがヒジキやワカメなどの海藻に含まれるジメチルアルシン酸（毒性は3価ヒ素の約44分の1）とアルセノベタイン（毒性はほとんどなし）です。

［主な事件］
・新潟毒殺保険金殺人事件（1949年）妻に保険金をかけ亜ヒ酸等を飲ませ殺害
・森永ヒ素ミルク中毒事件（1955年）ヒ素が混入した粉ミルクを飲んだ乳幼児に多数の死亡者・中毒患者を出した。原因は安定剤第二リン酸ソーダの品質をヒ素含有量が高いものに落としたことによるものとされている。
・和歌山毒カレー事件（1998年）夏祭りで出されたカレーを食べた人が激しい腹痛と吐き気に襲われ67名が救急搬送、うち4名が死亡。再審請求中。

(b) 黄リン

黄リンは燐殺鼠剤（ネコイラズ）やマッチ・発煙剤の原料として用いられ、毒物及び劇物取締法に定める毒物です。黄リンを使用した事件は現在では皆無。

［主な事件］
・毒まんじゅう心中事件（1950年）茨城県麻生、子供にネコイラズ入りまんじゅうを食べさせ殺害

(c) 水 銀

無機化合物の水銀には塩化第一水銀（甘汞、Hg_2Cl_2）と塩化第二水銀（昇汞、$HgCl_2$）があります。塩化第一水銀は無毒ですが、塩化第二水銀は有毒で以前は消毒液に使用されていました（現在は使用されていない）。また水銀は常温で液体の金属で、他の金属と合金を作って溶解し、たとえば金メッキでは金を水銀との合金に変えて（金アマルガムという）メッキし、水銀を蒸発除去する方法がありました。奈良の大仏や古代の青銅器にもこの方法がとられたといわれていますが、水銀蒸気は塩化第二水銀と同じくらい有害であるため、多くの水銀中毒の犠牲者が出たものと思われます。

有機物と結合した水銀を有機水銀といい、代表的なものが塩化メチル水銀で種子の殺菌剤などに使用されています。1950から1960年代にかけて有機水銀を含む工場廃水を無処理で海に流し、有機水銀を濃縮した魚介類の摂取によって特異な神経症状を呈して死亡する事案が多発したのが「水俣病」です。これは現在の「チッソ」水俣工場でアセトアルデヒドという薬品を製造する際、硫酸水銀を使用したため、製造過程で有機水銀が生成し廃水として流出したものと考えられています。同様の事案は、1960年代に新潟県の阿賀野川で発生し、これは第二水俣病と呼ばれています。

(d) タリウム

タリウムは殺鼠剤のほか光学レンズや半導体などの工業材料に用いられるものですが，毒性が強いため殺人事件に使われた例があります。

［主な事件］
・KGB（ソ連国家保安委員会）による殺人未遂事件（1957年）被害者元工作員ニコライ・ホフロフがタリウムを盛られ瀕死の状態に陥ったが一命を取り留めた。
・東大技官毒殺事件（2000年）同僚の技官に酢酸タリウムを飲まされ死亡
・母親殺人未遂事件（2005年）静岡県伊豆の国市，タリウム殺鼠剤を母親に摂取させ意識不明重体

(e) カドミウム

カドミウムは1910～1970年代にかけて富山県の神通川流域で発生したイタイイタイ病の原因物資です。神岡鉱山から未処理廃水が神通川に排出，これを灌漑用に使用した流域の水田のイネにカドミウムが蓄積，これを摂取した住民がカドミウムの慢性中毒による骨軟化症に至った，というものです。

カドミウムはヒューム（煤煙）吸入でも肺水腫に至ることがあり，排気設備が不完全な青銅合金（銅＋錫）製造作業場での死亡事故があります。

［主な事件］
・異物混入事件（1998年）京都大学農学部

(9) 農　　薬

(a) 有機リン系農薬

パラチオンやマラチオンなどの有機リン系農薬は殺虫剤として用いられ，毒性が強くパラチオンは使用が禁止されています。これが混入した食品の摂取や自殺などの場合，サリンと同じような中毒症状が発現します。これは「コリンエステラーゼ活性阻害」といい，その発現機構は概ね次のとおりです。

アセチルコリンエステラーゼという酵素は神経細胞に存在し，神経伝達物質のアセチルコリンを分解する。しかしこの作用が阻害されると，アセチルコリンの濃度が上昇し副交感神経を興奮，さらに神経伝達系がマヒするため，全身けいれん，呼吸困難を惹き起こし死に至る。

［主な事件］
- パラチオン：女性連続毒殺事件（1958年）熊本，出入りの行商人や近所の主婦を殺害，金品窃取
- TEPP（製造中止）：名張毒ぶどう酒事件（1959年）TEPPが使用された毒殺事件とされた。
- マラチオン：農薬混入冷凍食品事件（2014年）群馬，アクリフーズの冷凍食品にマラチオン混入

(b) パラコート・ジクワット剤

　パラコートは除草剤として用いられ，その毒性の強さのため自殺に非常によく用いられるもので，変死事案では必ずチェックしなければならない農薬です。パラコートと類似のジクワットという農薬があり，それぞれ単独の成分の商品のほか，両者を混合した商品もあります（表4-18）。

表4-18　パラコート・ジクワット剤の商品（○：含有）

	パラコート	ジクワット	商品名
単剤	○		グラモキソン，パラゼット
		○	レグロックス
合剤	○（10%）	○（14%）	プリグロックス
	○（5%）	○（7%）	プリグロックスL，マイゼット

　パラコート・ジクワット剤の中毒発現機構は「SOD酵素阻害」といいます。
　SOD酵素は体内の不要な活性酸素（各種の病気の原因）を除去し細胞を守る役目を持ちますが，パラコート・ジクワット剤によりこの作用が阻害され，体内の各種臓器の炎症や壊死をひき起こすと考えられています。

［主な事件］
- パラコート入り飲料無差別殺人事件（1985年）広島県福山市，自販機上に放置されていたオロナミンCを飲み死亡，その他類似事件（1985年）大阪府富田林市／（1985年）三重県松坂市／（1985年）宮崎県都城市／（1985年）大阪府羽曳野市／（1985年）埼玉県鴻巣市／（1985年）奈良県橿原市／（1985年）大阪府河内長野市／（1985年）埼玉県さいたま市／（1985年）埼玉県児玉郡
- パラコート保険金殺人事件（1986年）岩手県遠野市，パラコート入り牛乳で殺害，多額の保険金あり

(c) アミノ酸系農薬

グリホサート（商品名：ラウンドアップ）はアメリカのモンサントが開発した除草剤で，毒性は比較的低いと考えられていますが，ラウンドアップ100mlの経口摂取で多臓器不全による死亡例があります。

(d) カルバメート系農薬

カルバメート系農薬のメソミル（商品名：ランネート）は殺虫剤として用いられるもので，弱いイオウ臭があります。中毒症状はコリンエステラーゼ活性阻害によるもので，有機リン系農薬と同様ですが，有機リン系農薬より早く発病・回復も早いといわれています。

事件としては，ペットの餌に混入させ毒殺する事案によく用いられています。

(e) 塩素系農薬

DDT，BHCなどの殺虫剤は毒性が強いため使用禁止となりましたが，現在でも輸入農産物にDDTなどが残留するケースがあります[17]。

(10) 化学兵器（神経剤）サリンおよび関連物質

1995（平成7）年3月20日の白昼，官公庁が集中する東京都心の地下鉄でサリンが散布され多数の死傷者を出しました。その前年の6月，長野県松本市でサリンが散布され多数の死傷者を出すとともに第一通報者が逮捕されるという事件が起きていました。後に，オウム真理教によるものと判明しましたが，この事件は，化学兵器のサリンを製造し運搬して散布することにより，無差別に多数の人を殺傷したもので，このようなテロ行為が現実に発生したことで，日本のみならず世界を震撼させました。これを機に，警察装備の充実や科警研における生物・化学兵器の鑑定体制がとられました。

次に，サリンの特徴，事件の証明方法，鑑定方法について述べます。サリンの中毒機構は有機リン系農薬と同じコリンエステラーゼ活性阻害で，サリン蒸気が眼・鼻・皮膚から吸収され，直ちに鼻水・眼痛・視野が暗い（縮瞳）・息苦しいなどの症状に見舞われます。サリンの曝露による発症の多くは10分以内といわれています[18]。

サリンは無色無臭の液体で神経剤の中でも特に揮発性が高く，空気よりも比重が重いため下層に滞留し，無風で晴天の日などが毒ガスの効果が保たれるといい，このような性状を理解している者には地下鉄や地下街のような密閉空間

で被害が甚大になることは予想されていたと思われます。

　サリンはリン酸とアルコールのエステル化合物ですので，弱アルカリ性水溶液ですぐに分解されます。炭酸ナトリウムの水溶液を噴霧すれば容易に除染でき，緊急の場合は大量の水で洗浄すれば，サリンが徐々に加水分解されます[19]。警察活動としては，まず防毒マスク・防護服で装備した消防または警察関係者による毒ガスの汚染除去を第一義的に考えるべきで，毒ガスそのものを採取する鑑識活動は非現実的です。散布されたサリンは継続的に発生している煙突の煤煙とは異なり，散布される毒ガスは一過性のものですから，空気に希釈され散逸するか分解されてしまうものなのです。したがって，現場の安全性が確保された後，鑑識活動によって毒ガス成分の分解物を採取すべきです。サリンの分解物はフルオロメチルホスホン酸とイソプロピルアルコールであり，現場の枯葉・小石・土砂や水がかかっていない壁・ガードレールなどの建造物に付着している可能性があります。このような資料や対象物をろ紙で拭ったものを科捜研に鑑定嘱託し，科捜研ではGCMSやLCMS（液体クロマトグラフ質量分析）などで分解物の検出を行います。これはサリン散布の間接証拠となるものです。発生現場では機動隊員によりサリン用試験紙でサリンかどうか確認できますが，これも予備試験ですから間接的な証拠としかならないのです。

　［主な事件］
　・松本サリン事件（1994年）オウム真理教（教祖松本智津夫）が裁判官宿舎付近にサリンを噴霧。死者8名，重軽傷者144名
　・地下鉄サリン事件（1998年）オウム真理教（教祖松本智津夫）が日比谷線・丸の内線・千代田線の各線でサリンを散布し死者13名，重軽傷者6000名超の大惨事に至った。

　VXもサリンと同様コリンエステラーゼ活性阻害による中毒を起こす化学兵器の一つです。1994（平成6）年，大阪でオウム真理教が公安スパイとされた男性にVXをかけ殺害した事件があります。

　このほかに化学兵器の神経剤にはソマンとタブンがあります。タブンは毒性がサリンに比べて4分の1程度と考えられています。

(11) 有毒ガス
　(a) 一酸化炭素
　一酸化炭素は不完全燃焼で発生する有毒ガスで，火災事案や自殺事案など事故例が後を絶ちません。一酸化炭素の分子量は28で空気（約29）とあまり変わらず，一酸化炭素が室内で発生すれば，発生源から次第に濃度が高くなり，下部から上部へ拡散していきます。

　不完全燃焼で発生する一酸化炭素と血中のヘモグロビンの結合力はヘモグロビンと酸素の結合力よりも約300倍強いため，酸素運搬機能が低下し細胞の呼吸障害（内部窒息）や低酸素血症による神経細胞の壊死が起こります。火災で死亡する事案で，血中の一酸化炭素ヘモグロビン濃度が60〜80％では一酸化炭素による中毒死（ただし高齢者では50％〜死亡例あり），10〜60％では焼死と判定しています。なお，屋外での焼身自殺では不完全燃焼でも一酸化炭素が大気に散逸するため死亡者の一酸化炭素ヘモグロビン濃度はかなり低くなります。

　このように，火災事件では多少なりとも死亡者の血液中に一酸化炭素がヘモグロビンと結合して残留しますが，火災事件であるのに一酸化炭素ヘモグロビン濃度が０％か極めて低いケースがあります。これはどういうケースでしょう。一酸化炭素は呼吸することで肺に吸入しますが，０％ということは火災時に呼吸していなかった，ということで，火災前にすでに死亡していたことになるわけです（つまり殺人事件の可能性）。しかも身元が分からないように焼燬してしまう悪質な殺人死体遺棄の可能性が出てくるのです。勿論，一酸化炭素ヘモグロビン濃度だけでは断定できませんので司法解剖が実施され，まず死体の状況（通常の焼死の死体所見では，鮮紅色の死斑・流動血・点状出血失などが観察されます），肺気道の状況（焼死であれば気管に煤が付着），さらに首の状況（首を絞めた痕跡があるか）など死体の損傷の状態が詳しく調べられます。

　［主な事件］
　・練炭自殺…密閉した空間で七輪などに練炭を入れて焚き一酸化炭素中毒死
　・排ガス自殺…自動車ホースから排気ガスを密閉された車内に導入すると一酸化炭素濃度上昇。ただし最近の自動車は性能向上により一酸化炭素が排気されにくくなったため，この方法で死亡した場合は，酸欠死も疑う必要がある。
　・不完全燃焼…ガス湯沸かし器など燃焼機器が通気の悪い場所（室内，車庫内，雑居

ビルなど）に設置されている場合，一酸化炭素が直近の窓から流入し，屋内（室内）の人が一酸化中毒死。

(b) 二酸化炭素

二酸化炭素は通常の濃度（0.04%）では無害ですが，濃度が高くなると身体に異常が生じ，生命の危機に陥ります。用途としては，炭酸飲料，ドライアイス，入浴剤，二酸化炭素消火設備などがあります。

[主な事件]
・ビル工事中，二酸化炭素消火設備が作動し二酸化炭素中毒死
・ドライアイスが昇華し車内で死亡
・火山性ガスによる死亡事件（1999年）八甲田山の「ガス穴」で自衛隊員3名が訓練中死亡
・医療過誤事件（2011年）神戸，酸素ボンベと二酸化炭素ボンベを間違えて接続，患者重篤に。

(c) 硫化水素

硫化水素は火山性ガスに含まれ，しばしば冬季に硫化水素が滞留した場所で死亡する事例があり，また都市部の下水道や産廃処分場周辺の家屋で硫化水素による中毒死事例がありました。しかし，2008（平成20）年に連続発生した硫化水素自殺や殺人未遂事件は，いつどこでも致死量以上の硫化水素を発生する方法が取られ，これがインターネットで拡散したため社会問題となりました。

発生の傾向としては，地方市町村よりも都市部で多く発生し，自殺者の大半は20代の男性で，2008（平成20）年1月頃から発生しだし4月にそのピークを迎え徐々に沈静化していきました（2008年中の自殺は全国で約500件）。当時，インターネットに掲載された硫化水素の発生方法は，入浴剤「六一〇ハップ（ムトゥーハップ，石灰硫黄合剤）」とトイレ洗浄剤のサンポール（濃硫酸）を狭い空間で大量に混合し，瞬時に致死量の硫化水素を発生させるものでした。高濃度の硫化水素が発生場所付近に滞留するため，死亡者の家族だけでなく周辺住民にも巻き添え被害（二次被害）をもたらしました。現在，六一〇ハップは製造中止となりましたが，硫黄を含む殺虫剤が代用可能であり，今後も警戒を怠ることはできません。分子量は34で空気より重く下方に滞留します。水に溶けやすいので応急措置として放水して流します（またはアルカリ性の水溶液で中和）。

硫化水素が発生している現場ではサリン並みの防護服を着用する必要があり，硫化水素用の防毒マスクだけでは危険です。まず現場到着の警察第一陣は住民を近づけないよう立ち入り禁止し規制すること。消防救急隊または機動隊による除染活動により硫化水素濃度が10ppmまで下がれば，捜査員や鑑識課員が防毒マスクを装着して現場に立ち入り，被疑者逮捕や現場検証を行うことができます。使命感だけで硫化水素が発生している現場に決して飛び込まないこと。

　次のような場合は硫化水素の発生を疑うべきです。

・部屋や便所・風呂などにガムテープで目張りされている。
・犬や猫の糞尿のような臭いがする。
・鼻がツンとする。
・目がチカチカする。
・ペットボトルなどの容器が多数散乱し，洗面器などにある液体が泡立っている。

　特に最後のような状況を見た場合は即刻退避すること。生命の危険があります。万が一，捜査関係者や家族・住民で硫化水素中毒になった場合は，次の手順で緊急措置を行います。

① 屋外（新鮮な空気がある場所）へ緊急搬送（この時，被害者は一時呼吸停止することがあるが心臓は動いている）。
② 名前を呼ぶ，または頬をたたくなどして意識を回復させる（この時，呼吸停止していてもマウストゥマウスの人工呼吸は絶対しないこと。人工呼吸する本人がさらに被害を受ける危険がある）。
③ 救急車で病院へ搬送

　なお，硫化水素中毒による死亡の死体所見としては，血液が緑褐色で皮膚が暗緑色に変色する特徴があります（毒性と症状は表4-19に記載）。
　また，六一〇ハップのような石灰硫黄合剤と酸類の反応では，硫化水素のほかに亜硫酸ガス（二酸化イオウ，硫酸ミスト）が発生します。二酸化イオウの毒性は硫化水素よりもやや強く危険なガスですが，この反応で発生する二酸化イオウは硫化水素の半分程度であることと，硫化水素は高濃度で中枢神経に直接作用し意識喪失（ノックダウン現象）や呼吸停止などの直接障害を与えることから，硫化水素の毒性を優先して対策すべきと考えられます。

表4-19 硫化水素の毒性と吸入時の症状

濃度(ppm)	症　状
0.4	不快感（腐卵臭）
3～5	強い不快感
10	眼の粘膜に刺激（労働安全衛生法：許容限界）
20～30	嗅覚疲労で臭いを感じなくなる，肺に刺激
50	眼にまぶしさを感じる，結膜炎
100～300	嗅覚マヒ，8～48時間曝されると気管支炎
500～700	1時間以内に致死
1000	昏倒，呼吸停止，一，二回呼吸で突然神経マヒ，死亡

［主な事件］
・硫化水素殺人未遂事件（2008年）福島，硫化水素を発生させ母親を殺害未遂
・硫化水素心中未遂事件（2008年）佐賀，母親が次男と心中未遂
・硫化水素公務執行妨害事件（2008年）大阪，京都府警捜査員が家宅捜査に入ったところ硫化水素を発生させ妨害

(12) 天 然 毒

(a) 植 物 毒

①トリカブト（有毒成分：アコニチン）

トリカブトの根に含まれるアコニチンは，人体の細胞のナトリウムイオンのゲート（入口）を活性化させるためナトリウムが流入しカリウムが失われる状態が亢進します。その結果，心臓や呼吸器系の異常を来たし死に至ります。用途としてはトリカブトを弱毒処理し，漢方薬として強心・鎮痛・血液循環に処方されていました。古来「附子（ぶし・ぶす）」といい狂言にも出てきます。

［主な事件］
・トリカブト保険金殺人事件（1991年）東京，沖縄旅行中に妻死亡，前妻も同様に死亡。多額の保険金がかけられていた。琉球大学法医学教室で妻の血液からアコニチンを検出
・トリカブト保険金殺人事件（1994年）埼玉県本庄市，偽装結婚相手の男性にトリカブト入りあんパンを食べさせ殺害

②マチン（有毒成分：ストリキニーネ）

マチン科の樹木マチンの種子には非常に毒性の強いストリキニーネが含まれています。ストリキニーネは脳や脊髄の塩素イオンのゲートをブロックすることにより筋弛緩剤としての効果があり，安楽死薬としても用いられます。

ストリキニーネは脊髄の反射を高度に増強させるため運動細胞刺激の正常な抑制が不能となり，すべての筋肉が同時に興奮するようになって，持続的な弓そり緊張状態となります。死亡例ではすぐに死後硬直が起こる[13]といわれています。

[主な事件]
・硝酸ストリキニーネ郵送殺人事件（1961年）愛知県一宮市，郵送された薬を飲み死亡
・愛犬家連続殺人事件（1995年）熊谷市，知人の獣医から硝酸ストリキニーネ入手，4名殺害

③朝鮮あさがおの種子・ハシリドコロの根・ベラドンナ（有毒成分：アトロピン）

朝鮮あさがお（種子），ハシリドコロ（根），ベラドンナはナス科の植物で，アセチルコリンという神経伝達物質が作用しなくなる毒性を持っていますが，一方，抗コリン作用のためサリンなどの有機リン剤中毒の治療にも用いられます。江戸時代，華岡青洲が麻酔薬として調合したことでも有名です。

④タバコ葉（ニコチン）

タバコに含まれるニコチンはアルカロイドの一種で有毒であり，成人でタバコ2～3本の経口摂取で死亡するといわれています。ニコチンは中枢神経のアセチルコリン受容体に作用し薬理作用を表すと考えられています。タバコによる死亡事故は，乳児のタバコ誤飲が大半と言われています。

(b) 動物毒（フグ毒）

有毒成分のテトロドトキシンはトラフグやクサフグに含まれており，これは細胞のナトリウムイオンゲートをブロックするため，神経線維の刺激伝達を遮断し呼吸中枢抑制，交感中枢神経抑制などの症状が現れます。フグの有毒部位（主に肝臓・卵巣）の摂食で死亡する例が多く，食品衛生法では家庭など素人による料理の取扱制限がなされています。テトロドトキシンは皮膚からの吸収の

可能性もあり注意が必要です。

(13) 医薬品

(a) インスリン（インシュリン）

インスリンは血糖生成抑制作用があり糖尿病治療薬で，血糖値恒常性維持に重要なホルモンですが，用法を間違うと低血糖症にとなり死亡するケースがあります。

［主な事件］
・新興宗教住職殺人事件（1993年）山口県田布施町，信者の看護士がインスリン注射し殺害
・看護士保険金殺人（2001年）福岡県久留米市，看護士4名が共謀し保険金目的で夫を殺害（空気やアルコール注入），母親にインスリンを注射し殺人未遂
・中国人妻による殺人・殺人未遂事件（2006年）千葉，夫の両親を殺害，自宅全焼させ火災保険入手，夫にインスリン注射し血糖値低下による脳障害で意識不明，殺人未遂
・京大病院インスリン事件（2010年）入院患者が通常使用量を上回る高濃度のインスリンを注射され，低血糖で意識不明に。担当看護士逮捕

(b) 塩化スキサメトニウム

塩化スキサメトニウムは末梢性骨格筋弛緩剤で，麻酔時の筋弛緩，気管内挿管時や喉頭痙攣時の筋弛緩，精神科における電撃療法の筋弛緩に用いられますが，呼吸停止などの事故の多い薬品でもあります。[20] この薬品は呼吸を抑制する作用があるため人工呼吸器を使用する必要があります。

スキサメトニウムはアセチルコリン分子からなり運動神経筋接合部終板を脱分極させ弛緩性マヒさせるもので，多量の投与で血清中のカリウム濃度が急激に上昇することが心調節異常，心停止を引き起こすものと考えられています。[21]

［主な事件］
・愛犬家連続殺人事件（1994年）大阪，仕事仲間や主婦など5名殺害
・筋弛緩剤点滴混入事件（2000年）仙台，准看護士が点滴に筋弛緩剤を混入させ患者を殺害

(c) 硫酸サルブタモール

硫酸サルブタモールは気管支拡張剤や子宮筋弛緩作用による早産防止（出産遅延）などに用いられます。恒常的な摂取や多量摂取の場合，他の薬品との併

用により不整脈や肺水腫を引き起こす可能性が考えられています。

［主な事件］
・長女薬殺未遂事件（2000年）奈良，長女の弁当に硫酸サルブタモールを混入し殺害を図る。なお1997年には次女・長男も肺水腫で死亡

(14) 揮発性毒物
　(a) シンナー
　シンナーは1970（昭和45）年前後頃から未成年のシンナー遊びで社会問題となり，法令による規制強化が行われました。ポリ袋にシンナーを入れ，これを吸入することで酩酊や興奮状態になる（俗に「ラリる」）もので，窒息死に至るケースもありました。それだけではなく，シンナー遊びで後遺症が残り，さらに強力な覚せい剤などを求める入口になるなど，未成年の成長を阻害する極めて深刻な問題となりました。
　シンナーは毒物劇物取締法や関連法令で次のように二重に規定され，使用が制限されています。なおトルエンの経口摂取による致死量は0.5～1g/kgとされています。[22]

・毒物及び劇物取締法施行令（政令）第32条の2，法第3条の3に規定する政令で定める物は，トルエン並びに酢酸エチル，トルエン又はメタノールを含有するシンナー（塗料の粘度を減少させるために使用される有機溶剤をいう），接着剤，塗料及び閉そく用又はシーリング用の充てん料とする
・トルエン原体については，毒物及び劇物指定令第2条の76でトルエンは劇物に指定（なお，このトルエン原体とは俗に「純トル」と呼ばれているものでトルエン97％以上のものとされる）

　シンナー成分のトルエン，酢酸エチル，メタノール検査はガスクロマトグラフィーでできますが，問題となるのは「シンナー」であることを証明することを求められることです。これは法令に定めてありますから捜査現場としては当然かもしれませんが，「シンナー」とは有機溶剤で「うすめる」という行為に用いる用語であり，科学的に証明できるものではありません。そもそもシンナーにはうすめ液としての用途の他に洗浄用シンナーもあり，メタノールなどは燃料用としても用いられます。吸引する目的に使う人もいるわけですから，科学

では使用目的（用途）まで証明できないのです。少なくとも有機溶剤（非水溶媒を除く）かどうかは一般人でもわかることで，水と混じらない，芳香臭がある，塗料を溶かす，の3点をチェックすれば十分と考えられます。

次に，トルエン原体の証明ですが，これは「不純物が極めて少ない」ということを意味していると考えられます。成分の含有量を測定するには「検量線」というグラフを使って行いますが，グラフの0％と100％の両端付近では正確性が低下するため，トルエンを別の溶媒で希釈して分析する必要があります。この場合でも有機溶媒が揮発性であるため正確性に問題があります。したがって，97％という基準がどうしても必要なら，ガスクロマトグラフィーでトルエン以外に成分が検出されなければ「97％以上」とすることで問題はないと考えられます。

最近，トルエン・酢酸エチル・メタノールを含むシンナーは一般家庭用品店では販売されなくなり，酢酸ブチル・メチルシクロヘキサンなど他の成分のシンナーに取って代わられました。しかし工業用としては未だ使用されているため，シンナー吸引目的の窃盗が発生しています。シンナーが入手できにくくなったため，未成年の間では「ガスパン遊び」なるものが発生するようになりました。これはライターのガス（液化ブタン，巻末別表3参照）をポリ袋に満たしこれを吸入する，というものでブタンが肺に蓄積することにより酸欠状態となり恍惚感が味わえる，というものです。当然，酸欠から死亡する例が多く極めて危険な遊びというほかありません。

[シンナー摂取時の症状] 中枢神経麻痺作用
　　急性毒性…（100ppm以上）頭痛，嘔吐，倦怠感
　　重症…運動機能異常，意識消失，呼吸困難，死亡
　　中毒依存…幻覚，妄想，脳萎縮，中毒性精神病
[用途] 塗料・充填剤・接着剤などの希釈用，油類などの洗浄用
[主な事件] 通り魔殺人事件（1998年）大阪府堺市，シンナー中毒者が通りがかりの女子高生，母子を切りつけ幼児死亡，母と女子高生重体

（b）エチルアルコール
　日本における米を原料とした醸造アルコールの歴史は古く，魏志倭人伝や日本書紀にも日本酒の記述があるといわれています。神代の昔から嗜まれてきた

表4-20　お酒の種類

	アルコール濃度	種　類
弱い酒	3～8%	ビール
	5～12%	チューハイ
中程度の酒	12～14%	ワイン
	15～16%	日本酒
強い酒	20～47%	焼酎，ブランデー，ジン，ウィスキー，ウォッカ

　お酒も，用法を間違えば人生を誤り大事故の原因となることは，新聞にあふれていますし，自分の胸に手を当てれば冷や汗を禁じえません。

　お酒は，飲む量，飲む時間，飲む場所をわきまえれば，中毒にも肝硬変にもならず，むしろストレス発散になり現代社会にはなくてはならないもののはずです。適度に自分に合ったお酒を飲むには，お酒の知識をしっかり持つ必要があります。表4-20にお酒の種類をまとめました。

　酩酊の度合いは個人差がありますので，自分に合った適度な量を知っておくことが必要です。すぐに赤くなり気分が悪くなる人は，アルコール分解酵素の分泌が少ないか欠如している人ですので，無理に飲むと急性アルコール中毒になり危険な状態に陥りますので注意が必要です。表4-21は血中アルコール濃度（血液1ml中に含まれるエチルアルコール（mg））による酔い方の分類を示しています。

　図4-17は体重65kgの人が日本酒を1～3合飲んだ場合のアルコールの減衰曲線のモデルです。1合では30分経過すれば酒気帯び運転の規制値0.3mg/mlに下がりますが，2合では規制値以下になるには3時間程度を要し，3合飲酒では10時間以上かかります。10時間もスナックにおれば朝になってしまいますから，タクシーで帰るしかないことは容易におわかりと思います。

　さらに注意をしなければならないのは，二日酔いであくる日の出勤時になおアルコール濃度が酒気帯び運転の規制値を超えている可能性があることです。深酒はくれぐれも要注意です。日本酒1合なら大丈夫という保証はありません。「飲んだら乗るな！」が鉄則です。なお呼気アルコール濃度と血中アルコール濃度の関係はおよそ次のようになります。

表4-21 酩酊度

	血中濃度 (mg/mℓ)	酒の量		酔い状態
		日本酒	ビール大	
爽快期	0.25	1合	1本	気分爽快／皮膚紅潮／陽気になる／判断力やや劣る
ほろ酔い初期	0.5	1〜2合	1〜2本	ほろ酔い気分／手の動き活発／抑制はとれる／体温上昇／脈が速くなる
酩酊前期	1.0	3合	3本	気が大きくなる／大声でがなり立てる／怒りっぽくなる／立てばふらつく
酩酊期	2.0	5合	5〜7本	千鳥足／同じことを繰り返し喋る／呼吸が速くなる／吐気・嘔吐
泥酔期	4.0	7合〜1升	8〜10本	まともに立てない／意識混濁／言葉も支離滅裂
昏睡期	5.0以上	1升以上	12本以上	揺り動かしても起きない／大小便垂れ流し／呼吸はゆっくり深い／死亡

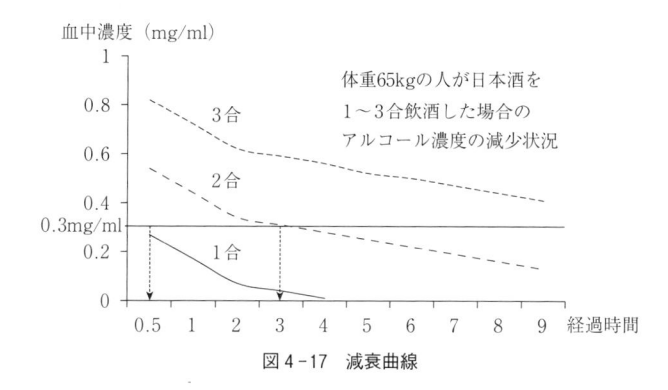

図4-17 減衰曲線

呼気1ℓ中0.15mg ≒ 血液1mℓ中0.3mg

［主な事件］
・東名高速道路飲酒運転事故（1999年）飲酒運転のトラックが乗用車に追突，幼い姉妹が死亡
・中道大橋飲酒運転事故（2006年）会社員男性運転の乗用車が福岡市職員男性運転の乗用車に追突され博多湾に転落，同乗していた3人の児童が死亡

(15) 家庭用品
　(a) クレゾール
　クレゾールは洗浄殺菌用ですが，誤飲や異物混入により摂取した場合，中枢神経を興奮，麻酔作用，意識障害，痙攣，失神，呼吸麻痺などが起こることがあります。

　［主な事件］
　・クレゾール郵送事件（1998年）東京，中学校の生徒・教師にクレゾール入りの液体をやせ薬と称して送りつけ，これを飲んだ1名が重症に

　(b) 塩化ベンザルコニウム
　塩化ベンザルコニウムは逆性石鹸（陽イオン界面活性剤）で，その水溶液が市販されており手指の消毒や器具の殺菌に使われています。ただしこれを経口摂取するとコリンエステラーゼ活性を阻害するため消化器系・循環器系・中枢神経系・呼吸器系の異常により死亡する例があるのです（ヒト致死量，1〜3g）。塩化ベンザルコニウムは異物混入事案で問題になる薬品です。

　(c) 次亜塩素酸ナトリウム
　次亜塩素酸ナトリウムは漂白剤として家庭で広く使用されていますが，経口摂取すると強アルカリ性であり酸化作用があるため粘膜に障害を及ぼすだけでなく，胃酸の作用で塩素酸が発生し毒性が増加します。

　［主な事件］
　・入院給付金目的自殺事件（1998年）大阪，入院給付金の交付を目的に自殺を自作自演

　(d) 塩化カリウム
　塩化カリウムは肥料，工業原料として使用されるほか，医療用としては心臓停止液として用いられます。

　［主な事件］
　・東海大学安楽死事件（1991年）東海大学医学部付属病院で医師が末期がんの患者に塩化カリウムを投与，死に至らしめた事件。殺人罪に問われたが執行猶予

(16) 捜査現場との連携

　以上のように薬毒物と一口で言っても，非常に多くの薬毒物があります。これらすべての薬毒物を変死事件一件ずつ短時間に行うことは不可能です。そこで科捜研では呈色試験（化学反応で色調などが変化する試験）やスクリーニングキットなどで予備試験を行い可能性のある薬物を絞って行きます。シアン化合物やパラコートなど特に頻繁に使用される毒物も予備試験で確認します。しかし，稀な薬毒物の確認には非常に時間を要してしまいます。

　そこでどうしても必要なことは，捜査員から変死現場の状況を科捜研へ詳しく報告してもらうことです。たとえば，散乱していた空パケ（薬物包装袋）の文字，死亡者の通院歴，死体の状況などです。このような情報があれば仮説として目的薬物を設定し分析することができ，異なれば他の薬物の分析……と短時間に確認することができます。なお，目標設定した薬物に固執すると，それとは異なる情報が出ていても見落とす危険性があり，鑑定する職員は方法が異なる複数の分析を行って冷静に判断しなければなりません。

　薬毒物鑑定に先立ち，現場へ情報提供を求めても「わからないので科捜研に依頼している」と非協力的な態度で対応する捜査員がいました。それでは鑑定に長時間かかりその結果，捜査現場への鑑定情報が遅れることになるのです。

　一時期，「科捜研には予断を持たせないため捜査現場の情報は流さないこと」とされていました。それは捜査に擦り寄る鑑定がないようにという配慮からと考えられます。個人の経験や判断だけで鑑定するケースではそのような危険があるのは確かです。しかし現在，分析機器の発達と鑑定法の改善でデータに基づいた客観的な鑑定結果が得られるようになっています。

　現場で捜査を指揮する者は，積極的に科捜研に情報提供することで迅速で正確な捜査が行えることを認識すべきでしょう。また検証などで積極的に科捜研に臨場を求め，捜査会議に鑑定職員の出席を求めて意見を聞くことも，捜査の方向性を決める上で重要になるはずです。

■ 工業製品鑑定

(1) 油　　類

　「油類」とはあまり使われない用語ですが，警察では鉱油（ガソリン・灯油・軽油・潤滑油・重質油など）と油脂（植物油・動物油）などをまとめて「油類」と

称しています。油類鑑定が必要になるのは，放火事件で使用された油類の種類の特定，失火事案でたとえば「ストーブに誤ってガソリンを注入していないか」などの判断，また出火源の特定（台所のてんぷら油かストーブの灯油か）……などのようなケースです。

(a) 鉱　油

油田から産出した原油は，蒸留塔で沸点の違いにより分留され，沸点の低い順に，LPガス・ナフサ・灯油・軽油に分けられ，蒸発しなかったものは蒸留塔の底に残留します。残留分から重油とアスファルトが得られます。またナフサを改質・精製してガソリンが得られます。

このうちガソリン・灯油・軽油は軽質油に分類されガスクロマトグラフィー（GC）やガスクロマトグラフ質量分析計（GCMS）で分析されます。GCのパターン（図4-18，図4-19）や油類の成分で識別されます。

なお，火災で燃焼し残留した石油製品は，図に示したようなガスクロマトグラムは得られず図の前半部分（左側）ほどピークが欠落（または減少）したグラフになります。これは燃焼でより軽質油部分が燃焼し失われたことによるものです。

重油や潤滑油は，赤外線分光光度計（IR）で分子構造（官能基）

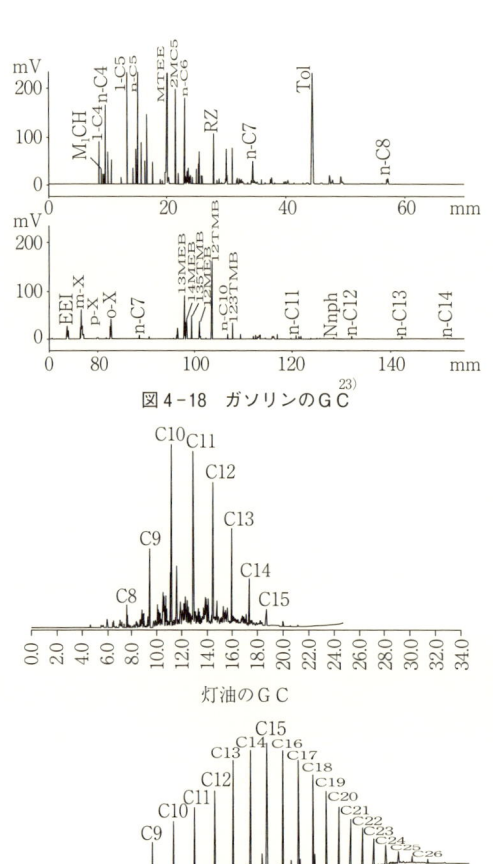

図4-18　ガソリンのＧＣ[23]

灯油のＧＣ

軽油のＧＣ

図4-19　灯油および軽油のガスクロマトグラム[24]

を解析し，フロリジルカラム法という分離方法で飽和炭化水素分を分離してこれをGCまたはGCMSで分析します。無機系不純物が問題になる場合は蛍光X線分析装置やX線マイクロアナライザーなどで金属成分の分析を行います。

(b) 油　　脂

油脂には植物性油脂（ナタネ油・大豆油・ゴマ油・オリーブオイルなど）と動物性油脂（ラード・魚油・乳脂肪など）があり，一般的には油脂をグリセリンと脂肪酸に分解（ケン化）し，そのケン化物をメチルエステル化してGCまたはGCMSで分析されます。ここではミリスチン酸・パルミチン酸・ステアリン酸・オレイン酸・リノール酸・リノレン酸などの脂肪酸（メチルエステルとして）が確認されるほか，ステロール類も検出されます。ステロール類は植物性と動物性の識別に重要で次のように判断します。

　　　コレステロール検出　⇒　動物性油脂
　　　シトステロール・エルゴステロール・カンペステロールなど検出⇒植物性油脂

(c) 油類の異同識別について

「異同識別」という用語もあまり一般には使われませんが，AとBが同じか異なるかを判定する作業をいいます。たとえば「放火に使用された油類と被疑者が所持していた油類が同じかどうか」といった具合です。通常このような鑑定を行う場合は，その外観や成分などを分析して判断しますが，油類の異同識別は非常に難しいのです。ガソリンと灯油の違いや植物油と動物油の違いは判断できても，AのガソリンとBのガソリンの異同識別は困難なのです。

異同識別鑑定を行う場合，その前提として比較するものに識別可能な差異がなければなりません。その差異は，多くの類似品を分析してはじめてわかることです。そしてその差異に基づいて石油製品が分類されていなければなりません。DNA型がそうであったように，ヒトのDNAに識別可能な差異がある場所を分析し，それを型として分類し複数の部位の検査結果を比較して特定していました。

このような前提（背景となる根拠）がなければ，たまたま分析し，数値が同じだったからといって「AとBは同じ」ということになりません。なぜならもしAとB以外のCとも同じ，Dとも同じであれば「AとBは同じものだった」な

どと言っても誰も信じないからです。そもそも差が無いのです。

　ガソリンの場合，原油から製造されますから原油に差があればガソリンにも差がありそうです。ガソリンが前述のように原油を蒸留して得られる同じ沸点成分のナフサから精製されます。工業製品として同じ品質になるわけです。そしてA社，B社……などの石油会社から工業規格にあったガソリンが出荷されます。したがってどこのガソリンスタンドでも基本的に成分は同じということになります。また流通の過程で各社のガソリンを融通しあうことがあるようで，このような場合は各社のガソリンが混合し由来が不明になってしまいます。もし差があるとすれば，粗悪ガソリンが混合された場合かハイオクガソリン（高オクタン価ガソリン）など添加物に差があるガソリンの場合です。ハイオクガソリンはデータベース化が可能かもしれませんが，一般のガソリンは識別可能な根拠がなく異同識別鑑定は困難といえます。

(2) 布粘着テープ

　被害者を緊縛する目的で布粘着テープがしばしば使われます。粘着テープにはクラフトテープ（クラフト紙使用）もありますが，接着力が弱いため犯罪にはほとんど使用されず，事件で問題となるのは布粘着テープです。布粘着テープには被害者の皮膚片や毛髪のほか，被疑者の皮膚や体液が付着すると考え，DNA型鑑定が実施されるほか指紋鑑定も行われます。さらに繊維片などの微物も付着することが想定されますが，各種鑑定を行った後の資料ですと様々なほこりが混入するため微物鑑定の重要条件である「保存」がなされていない資料ということになります（微物については次の項を参照）。

　したがって化学鑑定では布粘着テープそのものの材質と構成を検査します。そして現場で使用された布粘着テープと被疑者が所持していた布粘着テープの異同識別を行うのです。また，使用された布粘着テープから製造メーカとその品番を推定することができます。これには各メーカから提供された製品情報を活用します。

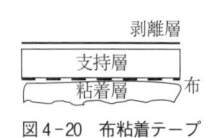

　一般的な布粘着テープの構成をみてみましょう。まず，粘着層がありその上に布の層があります。さらにその上には支持層があってその上に剥離層があります（図4-20）。粘着層は可塑剤（アクリル酸エステル類）を多く含む

図4-20　布粘着テープ

柔らかく粘着力の強い層で，材質は天然ゴム，シリコーンゴム，ウレタン樹脂などがあります。布層はスフまたは木綿糸の平織りで，縦糸と横糸の本数やピッチ（糸と糸の間隔）などがメーカによって異なります。また縦糸と横糸では種類が異なる場合もあります。

支持層はポリエチレンのフィルムで一般的にはベージュ色ですが，黒や緑色など特殊なものもあります。ベージュ色でも製品によって微妙に色調が異なるため分光光度計で色調を測定し比較することができます。

剥離層は巻かれたテープをスムーズに剥がすためにシリコーン油が支持層の上にコーティングされた層で，使用された布粘着テープでは剥離層が消失していることがあり，ほとんど検査されません。また，布粘着テープの幅は5cmが普通ですが，2.5cm，3.8cm，6cm，7.5cmなどがあり，これらの各種製品の形態特徴も分析し異同識別を行います。

(3) 微　　物

「微物」という用語は辞書を引いても出てきません。「微細な物質」という警察用語です。1989（平成元）年頃からその有用性が指摘され各府県の科捜研で行われるようになりました。DNA型鑑定が試行される数年前です。犯罪の巧妙化により遺留資料が少なく犯罪捜査が行き詰っていた状況があったと考えられます。

指紋を残さない，毛髪も残さない，覆面やストッキングなどをかぶり顔がわからない……そんな中でも，犯人が知らず知らずのうちに落とす微物を鑑定しよう，ということなのです。確かに犯罪現場に残る微物はあります。しかしその取り扱いによっては誤った結果を導く危険性があり慎重に行わなければなりません。すなわち微物鑑定の前提として，現場が保存されおり採取や捜査の過程で他の微物が混入する可能性が無いということが必要です。これは微量の体液や毛髪などDNA型鑑定と同じ留意事項です。

では「微物」とは具体的にどんなものなのでしょう。それは繊維片，ガラス片，塗料片，金属片，プラスチック片など工業製品の微細なもの，さらに土砂の中の鉱物，植物片など天然物の微細なものです。捜査員の中には「『微物』という特殊なものがあって，これを科捜研に鑑定させれば物証が得られる」と本気で思っている方が多くいました。中には窃盗事件で「被害品に付いている

微物とその店にあった微物を比べて，被害品がその店にあった物だということを証明してほしい」というものまでありました。これを証明するにはその店にしかない特異な微物を特定しなければなりません。その上で，盗難品に付着する微物を捜すことになります。しかしそのためには大変な準備が必要です。つまりこの店にしかない特異な微物を探し出さなければなりませんから，他の多くの店の微物を集め分析してデータを集積し差異がある微物を探し出さなければなりません。これにはとんでもない時間がかかってしまいます。

　無理な鑑定であることを理解していただける捜査員ならばいいのですが，上層部からの命令で来ている場合が多いのでなかなか納得してもらえません。「少しだけでいいから見て『不明だった』という内容の鑑定書を作ってくれ」と言い出す捜査員もいて，ワラをもつかみたい気持ちの現れとは思いますが，できないことの責任を押し付けられているようで煮え切らないものを感じました。このように微物鑑定には期待と誤解が多く，微物鑑定の目的と限界をよく理解して行わねばならない鑑定なのです。

　(a) 塗料・塗膜

　塗料とは金属や木製品などの表面の腐食を防止するために塗布する工業製品です。通常，色素とこれを保持する高分子樹脂，さらにこれらに流動性を与える有機溶剤から構成されています。塗布した後は有機溶剤が揮発し堅牢な膜が残ります。これを「塗膜」と称しています。

　警察の捜査で特に重要となるのは，交通ひき逃げ事故です。歩行者に衝突し轢過し死亡させる事件などでは，強い力で衝突しますので，ひき逃げした自動車の塗膜片が剥離し現場に落下する可能性が高いのです。この自動車塗膜片を鑑定することで容疑車両の車種を割り出すことができます。その流れを説明しましょう。

　まず，ひき逃げ事故現場を通行止めにし，現場に遺留された自動車部品（ライトのプラスチック片，ミラーなど），タイヤ痕，塗膜片の捜索が行われます。自動車部品も事故で破損し一部が落下しますから容疑車両の特定に有効です。タイヤ痕もブレーキをかけていれば路面に残り容疑車両の大きさが推定できます。塗膜片はその色調と樹脂成分のデータベースから車種を検索することができます。このデータベースがあるからこそ現場の塗膜片から車種が判明するの

です。データベースは国内の自動車メーカの塗膜見本を基に作成されており，問題の塗膜片の色調と樹脂成分を分析しその分析データについて検索します。

自動車塗膜は一般に，乗用車では3層（メタリック車では4層），軽四輪とトラックでは2層（メタリック車では3層）あります。塗膜層の構成は，下位より亜鉛メッキ鋼板に電着された下塗り，その上に中塗り，そして表面が上塗りでメタリックの場合はクリアーがコーティングされています（図4-21）。

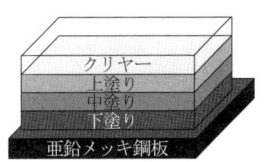

図4-21 塗膜片の構成

下塗りや中塗りは無彩色がほとんどですが，上塗りには様々な色が使われています。しかし上塗りの中では白色系が多くこれは日本人の好みかもしれません。また以前はソリッドカラーといって金属粉が入っていませんでしたが，現在では金属粉などを含むメタリックが主流となっています。

日本の自動車メーカの品質管理は世界に誇れるもので，上塗りはもちろん中塗り，下塗りまで色調がよく管理されています。したがって同じ色番の色調は年度が変わっても同じ色なのです。材料のレシピどおりに調合されるのですが，わずかに色調が変わる場合があるようで，その場合，ペイント会社では複数の材料を調合して同じ色調に調整されます。そのため色調は年度によって不変ですが樹脂成分がやや変わる可能性があります。

2～4層の塗膜片の色調と樹脂成分から推定された車種は一車種だけとは限りません。同じ3層の組み合わせは複数の車種に使われるのが普通だからです。ですからすべての該当車種についてその車種・型式を現場に回答します。

その情報を得た現場では，塗膜片からの車種情報と部品などからの車種情報，さらに目撃情報，聞き込み情報を総合し，容疑車両の車種・型式を特定します。その自動車の車体情報を陸運事務所に捜査照会で問い合わせ，自動車ナンバーと所有者が判明します。それとは別に修理工場を訪ね事故車が無いか捜索されます。

「この捜査で勝手に自分の乗用車の情報が使われているのでは？」と感じる人がいるかもしれませんので，プライバシー，つまり個人情報の保護と社会の安全について考えたいと思います。ひき逃げ捜査では二つの個人情報が使われています。一つは所有車両の塗膜の情報，そして二つ目には車両の所有者情報

です。これらのデータベースが無くてはひき逃げ車両の塗膜片から被疑者の特定はできません。

　自動車の塗膜情報は各メーカから提供されるもので，それはメーカの社会責任という考えに拠っています。一方，購入したユーザーは「何も警察に自分の車の塗装情報など知ってもらいたくない」と考える人もいるでしょう。また「登録された車の所有者情報も個人情報だから勝手に使ってもらいたくない」と言う人もいるでしょう。しかし警察はこれらの情報で常時，個人を監視しているわけではありません。捜査上で開示すべき理由がある場合に限って必要な都度，情報を提供してもらっているのです。社会の安全を願わない人はいないはずです。犯罪を起こせば必ず捕まるということで安心して暮らせる社会を保障できるのです。いずれにしても，安心・安全な環境を優先するのか個人の自由・プライバシーの保護を優先するのかは国民が決めることなのです。

(b) プラスチック片・ガラス片

　プラスチック製品は石油から合成される高分子化合物で，一般に合成樹脂とも呼ばれます。身の回りには多くのプラスチック製品があふれていますが，警察でよく扱うものは，ポリ袋・合成繊維・粘着テープ・トナーなど多数のものがあります。

　表4-22に家庭用品などでリサイクルされているプラスチック製品の一部を掲載します。プラスチックフィルムなどがしばしば強盗事件の鑑定資料となります。「持凶器強盗事件」といわれる事件で，商店のカウンターを工具で叩き割り，強盗に及んだ事件で，被疑者所持の工具にガラス片だけでなくプラスチックフィルムの層が付着しており，これがカウンターに敷いてあったマットと材質が同じであったことが証明された事例，またある窃盗事件ではショーケースを破壊した際に凶器の工具の塗料片が遺留し，後日，被疑者が所持していた被害品から同種の微細な塗料片とガラス片が見つかって事件を裏付けることができた事例などがあります。

(c) 繊　維　片

　単繊維の断片を「繊維片」と称しています。繊維片が問題となる事件は主に殺人事件と強姦事件です。殺人事件で首を締め付け殺害された場合，手で絞めた場合は扼殺，紐などで締めた場合は絞殺といいます。したがって後者の場合

表4-22 リサイクルされるプラスチック

番号	記号	名称	用途例
1	PET	ポリエチレンテレフタレート	ペットボトル，繊維，磁気テープなど
2	HDPE	高密度ポリエチレン	レジ用ポリ袋，食品用コンテナ，ポリタンク，バケツ，パイプ
3	PVC	ポリ塩化ビニル	ホース，水道パイプ，電線被服，クッション，農業用ビニール
4	LDPE	低密度ポリエチレン	ゴミ袋，透明ポリ袋，ラップフィルム
5	PP	ポリプロピレン	自動車バンパー，PPひも，ペットボトルのキャップ，文具，紙幣（国外）
6	PS	ポリスチレン	発泡スチロール，電化製品，家庭用品

で繊維片が被害者の首に残ることがあります。被害者の首に索状痕という紐などで絞めた跡が残ります。このようなところは皮膚が剥がれ紐などの繊維片が付着します。特に紐を首に巻き交差した部分は強い力がかかりますので特に多くの繊維片が脱落します。その他に被害者の爪の内側に繊維片が残ることもあります。被害者は苦し紛れに紐を両手で必死にはずそうとするからです。

首や手の爪から同種の繊維片が発見されればそれらから凶器となった紐類を推定できます。たとえば青色の木綿繊維が見つかれば紺～青色の手ぬぐいなど，生糸であればネクタイ，白色～透明のポリプロピレンの破片であればPP紐，黒～褐色で鉄分（またはクロム）を含みポリペプチド化合物が検出されれば黒色のベルトの可能性……といった具合に推定することができます。

繊維片の鑑定は次のように行います。

現場で鑑識課（係）員が粘着シートを用いて首などから繊維片を圧着採取します。爪は死体解剖時に解剖医（または指示により鑑識課員）が爪を切り取り採取します。これらのものは汚染物が混入しないようジッパー付きのポリ袋に入れて鑑定資料として提供されます。粘着シートに付着する微細な繊維片はそれぞれ一本ずつ次のように検査します。

①顕微鏡検査

粘着シートは透明の粘着フィルムと台紙でできており，粘着面に多数の繊維片が付着しています。台紙は濃淡いずれの色の繊維も見やすいように淡黄色か

灰色のものが用いられます。まずほこりが混入しないよう，シートの上からターゲット繊維（被疑者着衣の繊維）と類似するものを探します。捜査員から被疑者が不明な段階で「犯人の繊維を探してくれ」と依頼されることがありますが，そんな時は「似顔絵や写真なしで街へ出て犯人逮捕できますか？」とお尋ねしますと付着繊維の多さをわかっていただけます。比較すべき被疑者の着衣の入手が先決なのです。

被疑者が判明しその着衣から繊維片を採取する場合は，被疑者が採取を了解したとしても後日，態度を翻す可能性があるため鑑定処分許可状に基づき採取し鑑定します。被疑者の着衣の検査部位は比較対照のターゲットとなる繊維片ですから，生地がほころびていない良好な場所を選びます。ほころびている箇所や接触した可能性がある箇所は，その他の検査や証拠としての価値を残すため採取箇所からはずします。そして複数の色調の繊維でできている場合（柄や模様など）は各種類すべてを採取し，縦糸と横糸では繊維の構成が異なる場合があるのでその両方を採取します（着衣のタグを見れば種類などがわかります）。もし被害者に糸（単繊維片を束にして撚ったもの）として付着しているならば，被疑者着衣からも糸を採取します。また生地の破片が被害者に付着しておれば生地を数センチ角で採取します。この作業は汚染・混入防止のため被疑者の繊維片が付着する粘着シートの検査とは同時に行わないようにします。

さて，いよいよ粘着シートからターゲット繊維の検索です。たとえばターゲットが赤色繊維片であれば，実体顕微鏡（10倍程度［図4-22］）で粘着シート表面の上から観察し，類似の繊維片があればフィルム表面に丸印で囲み番号を付けてその位置を明らかにしておきます。

犯人との接触部位には集中して犯人着衣の繊維が付着することがあり，被疑者繊維片と同種繊維がどこに付着していたかは重要な情報なのです。その後，付着していた部位を番号順に切り取り清浄なスライドグラスに貼り付けていきます。そしてその形態を生物顕微鏡（50倍程度）で観察します（図4-23）。

繊維には天然繊維と化学繊維があり，特に天然繊維はその表面形態で種類を判別することができます。色調も観察できますが，照明の強さで眼に様々に見えますから，厳密な判断はできません。たとえば紺色のズボンなら生物顕微鏡下では水色系，赤色スカートならピンク色，黒色ズボンならば暗緑色にみえる

図4-22 実体顕微鏡　　　　図4-23 生物顕微鏡

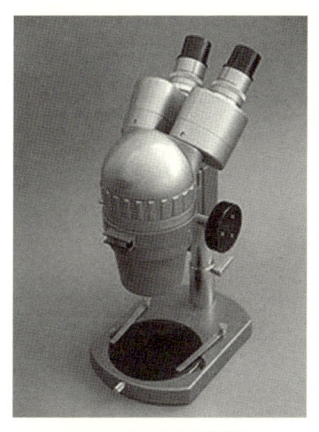

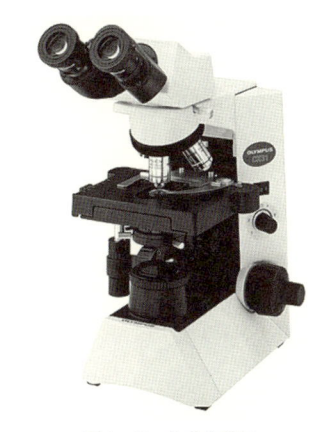

という具合です。ここまでの検査は予備検査です。ここまでで「繊維片が同種」という鑑定があるならば，手抜き鑑定と言われても仕方ないでしょう。次の表4-23に繊維の種類の分類を示しました（ただしガラス繊維，炭素繊維などの無機繊維は省略）。

繊維片の表面形態を図4-24に掲載しました。衣類の単繊維片の直径は概ね10～20μm（マイクロメートル）で50μm以上の単繊維では肌触りが悪くなります。100μm以上の直径の単繊維片が検出された場合は衣類以外の可能性（たとえば自動車の足マットなど）を疑うことになります。再生繊維と半合成繊維および合成繊維は形態からだけでは判別できないためその材質をフーリエ変換型赤外線分光光度計（FTIR）で判定します。

図4-24で図の右下の2枚の画像は，木綿繊維を染料により染色した場合と顔料により着色した場合を示しています。染色は繊維に一様に染色されますが，詳細にみると濃淡の色むらがあります。顔料による着色は衣服に色素をプリントした場合に見られ，この場合は繊維片にいびつに色素が付着する状況が観察されます。

②繊維片の色調検査

顕微鏡下では照明の強度によって繊維片が淡く見えたり濃く見えたりするため正確な色調はわかりません。そこで顕微分光光度計（図4-25）で，ミクロな領域の可視部分光分析を行います。そして可視部吸収スペクトル（または透過

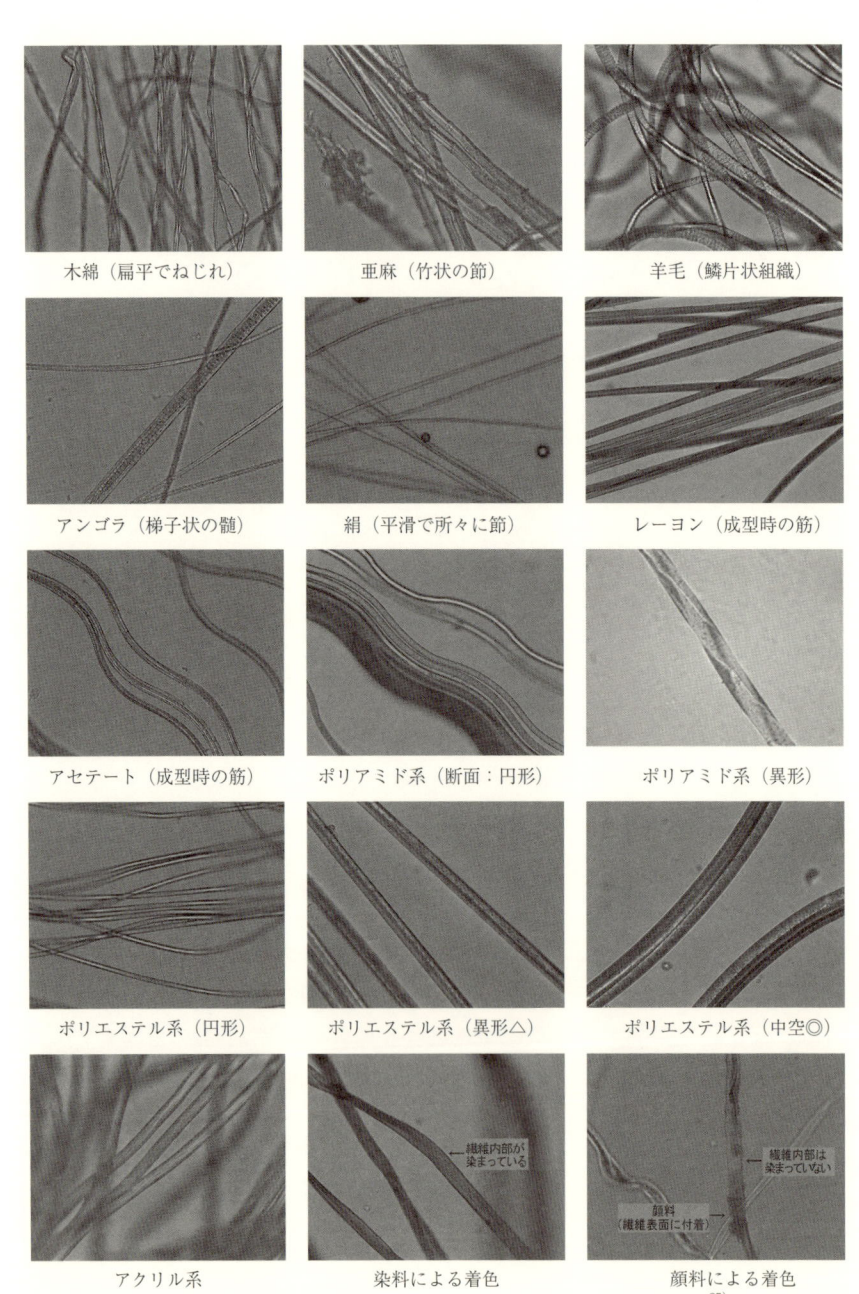

木綿（扁平でねじれ）	亜麻（竹状の節）	羊毛（鱗片状組織）
アンゴラ（梯子状の髄）	絹（平滑で所々に節）	レーヨン（成型時の筋）
アセテート（成型時の筋）	ポリアミド系（断面：円形）	ポリアミド系（異形）
ポリエステル系（円形）	ポリエステル系（異形△）	ポリエステル系（中空◎）
アクリル系	染料による着色（繊維内部が染まっている）	顔料による着色（繊維内部は染まっていない／顔料（繊維表面に付着））

図4-24　合成繊維の表面形態（40〜50×）と色の付け方（右下段2図）[25]

表4-23　繊維の分類

分　類		例
天然繊維	植物繊維	木綿，苧麻（ラミー），亜麻（リネン），黄麻（ジュート）など
	動物繊維	羊毛，アンゴラ，絹など
化学繊維	再生繊維	レーヨン，キュプラなど
	半合成繊維	アセテートレーヨンなど
	合成繊維	ポリエステル系，ポリアミド系，アクリル系，その他

スペクトル）というグラフ（図4-26）を得ます。これは繊維片の色の特徴を一定条件下で測定し記録したグラフで個人差のない色調のデータということができます。このグラフのパターンを比較して同色かどうかが判定できるのです。単繊維片の色調をJISの三属性（色相・明度・彩度）で表現したい場合は顕微分光光度計のデータから変換することができます。よって，決して個人の眼で見た「明るい赤色」などの主観的な表現は，鑑定書の「資料の状態」で簡略に記載するものであり，鑑定結果の根拠となるものではありません。

　顕微分光光度計で得られる基本的な色調のパターンを図4-26に掲載しましたが，実際に比較する場合は，グラフの頂点，変曲点など細部に至るまで検討します。このように繊維片の色調を重要視しますので無彩色（白・灰・黒）は図4-26の横軸に平行な線（または斜線）となって特徴が現れないため，無彩色の単繊維の鑑定はできないと考えるべきです。ただし色素を混合して染色された黒色は可視部吸収（反射）スペクトルの特徴が記録できるため判別可能です。

③繊維片の材質検査

　化学繊維では形態の特徴が，成型時のノズルの形で人為的に決まってしまうため，本来の材質は形態からはわかりません。従ってフーリエ変換型顕微赤外線分光光度計（FTIR，図4-27）により単繊維片の化学構造を解析することになります。この分析で最も難しいのは単繊維1本をプレス成型し機器にかけることで，紛失しないよう細心の注意を払います。図4-28に分析例を掲載します。

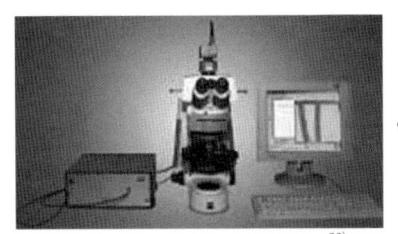

図4-25　顕微分光光度計システム[26)]

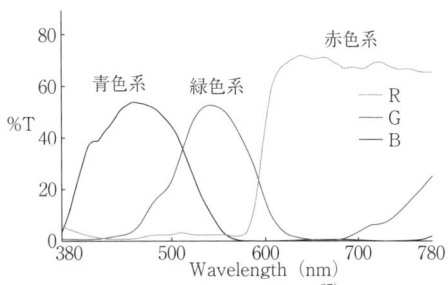

図4-26　可視部透過スペクトルに加筆[27)]

④その他の検査

ポリアミド系繊維に代表的なナイロンは図4-29のように3種類があります。これらは赤外線吸収スペクトルではなかなか判別は難しく，その種類を特定する必要がある場合は熱分析や熱分解GCMSなどを行い特定することができます。また断面形態を詳しく観察するには，ミクロトームで数ミクロンの切断片を切り取り，電子顕微鏡で断面形態の観察を行う必要があります。特に白色合成繊維などで色調に特徴が無い繊維片に有効です。またダル加工といってぎらつきを抑えるために酸化チタンなどが添加されます。この分析にはX線マイクロアナライザーが使用されます。このように検査は限りなく可能ですが，殺人事件などの鑑定資料の繊維片の本数は数百本に及び1本1本丹念に行えば数ヶ月を要してしまいますのでルーチンとして顕微鏡検査・色調検査・材質検査は必ず行いますがあとは必要に応じて精査するのが一般的です。

⑤痴漢事件について

いわゆる「痴漢」行為は，単なるいたずらではなく女性の人権を公衆の場で辱める犯罪行為です。被疑者は各府県で制定された「迷惑防止条例」に基づき検挙されます。被疑者の特定は主に被害者の供述と目撃者の証言ですが，満員電車内のことですから被害者本人も誰の手かわからないことがあり，たまたま後ろにいた乗客を犯人と思い込むこともありえます。また目撃者とされた人物も犯人と疑う余地も十分にあるのです。

悪質な痴漢事件で被疑者が否認する場合は，被疑者の手から繊維片の採取が行われるようになりました。「スカートや下着を触ったならば，当然被疑者の手にその繊維が付着しているだろう」と考え証拠とし使おうというわけです。

図4-27　FTIR

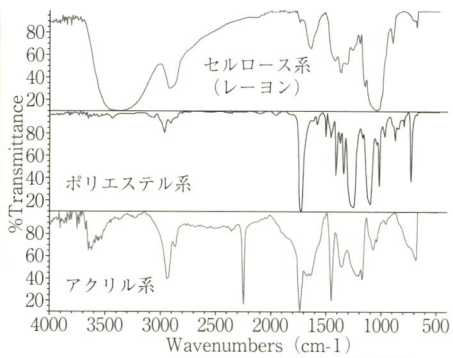

図4-28　赤外線吸収スペクトル

実際に大都市をかかえる科捜研では痴漢事件で繊維鑑定が行われています。実は私の府県でもこの種の鑑定を依頼されましたが一貫して拒否してきました。それには理由があるからです。

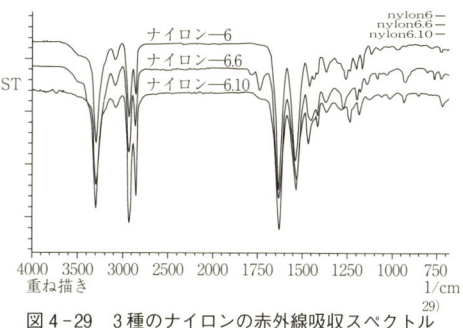

・電車内はほこりっぽい空間であり雑多な繊維片がすべての乗客に付着する機会があること

図4-29　3種のナイロンの赤外線吸収スペクトル

・被害者周辺の複数の乗客には被害者着衣の繊維片が付着する機会が高いこと

明確にいえば、被害者周辺にいてたまたま「犯人」と名指しされればその人が犯人になる、ということです。痴漢事件で冤罪が多いのは被害者の供述が曖昧であることに加え、繊維鑑定の適用法に問題があると考えられます。そもそも繊維鑑定は殺人事件や強姦事件など密室での犯罪の解明に適用してきました。痴漢事件のような不特定多数のオープンな環境を前提とした方法ではないのです。もしそのような環境で繊維鑑定を適用するならば、バックグランドとしてどんな繊維片が浮遊しているか、その繊維片が乗客にどの程度付着するか、混雑の程度や乗車時間・距離との関係はどうか、何本以上ターゲット繊維が付

表4-24 繊維鑑定における殺人事件と痴漢事件の相違

	犯罪現場の環境	ノイズレベル	検出下限	繊維の残り方
殺人事件	密室 （被害者・犯人のみの空間）	低い	3本 30) [文献]	犯人や凶器の繊維片が被害者（死亡）に保存
痴漢事件	電車内 （被害者と犯人＋多数の乗客）	高い	（不明） 相当量	被害者着衣の繊維片が被疑者に付着しても被疑者が行動中に急速に脱落[文献]31)

着しておれば「同種繊維片が検出された」といえるか……などが検討されていなくてはなりません。ほこりっぽい空間というのはそれだけノイズが高いということなので，そのノイズレベルが評価されないままでは「同種繊維が1本検出」または「3本検出」といっても有意な（意味のある）本数とはなりえないのです。

表4-24に殺人事件と痴漢事件の環境の違いをまとめました。

私が現役の頃に行った調査では，電車内には白色の木綿繊維片と青色系木綿繊維片が非常に多く浮遊しており，その他にある種の黒色木綿繊維片・黒色羊毛繊維片・紺色系羊毛繊維片が恒常的に多く存在していることがわかりました。白色木綿繊維は空気のようにどこにでも存在しており色調検査ができないため，通常，鑑定の対象とはしておりません。青色系木綿繊維片の大半はジーンズ生地に由来しています。生地から脱落しやすく鑑定でも頻繁にお目にかかります。同じ染料で染められていますので同種繊維となりますが，どのジーパンにも同じですから，数本検出したとしても差異が無い以上，繊維鑑定には使えません。黒色繊維片や紺色系繊維片は通勤スーツや学生服に由来するものと考えられます。

実際の鑑定では，被疑者の手の繊維片は犯行後，すぐに粘着シートで採取しなければいけません。行動する過程でどんどん脱落して行くからです。もし痴漢発覚後，他の乗客と争った，または駅員と争った，などの行動があれば被疑者にはその相手の着衣の繊維が多く付着するはずです。なぜなら触った力と取っ組み合った力は後者の方が大きいからです。鑑定では争った相手の着衣も対照資料として検査する必要があります。

そしてもし被疑者から被害者の制服スカートの繊維片と同種のものを検出した場合，種類，本数，付き方を明らかにしておかねばなりません。スカートなどの生地にチェック柄などが入っていればその生地の繊維のほかに柄部分の繊維片も被疑者の手に付着する可能性があります。それらの繊維片がセットで検出されれば犯罪の蓋然性は高くなります。検出した本数は3本程度では意味がありません。満員電車内で身体が接触しているのですからその程度は何もしなくても付着して不思議ではありません。このような環境で有意な本数といえるのは数十本と考えています。殺人事件とは全く違うノイズが多い環境では「検出」といえる本数はオーダーが違うと考えた方がいいでしょう。

　このように鑑定の困難性と証明能力の低さから，繊維鑑定は痴漢事件には適していないと考えています。むしろ，被疑者の指先の付着物のDNA型鑑定が有効かもしれません。「下着内に手を入れた」，「陰部を触った」などのことがあれば，被害者の皮膚片や膣液が被疑者の手の指先に保存されている可能性があるからです。これはより直接的な証拠となりえます。

　満員電車で「被疑者の手から被害者の着衣と同種の繊維片が1本検出された」などという結果はどういう意味なのか，鑑定職員は捜査員に丁寧に説明する責任があります。私は「1本検出された」とは「冤罪を招く」という意味だと解釈しています。つまり結果が一人歩きし「蓋然性がある」「犯罪事実に矛盾するものではない」などと犯罪立証に使われる可能性があるからです。

(4) トナー・コピー用紙

　犯行声明文や脅迫状などはコピー文書で送られてくるのが普通です。このコピーがどのメーカのどの機種でコピーされたものか，がわかれば，同じ機種のコピー機を設置している場所（コンビニやコピーショップなど）に出入りする者を捜査する，またレーザープリンターであればその機種の購入者を捜査する，という方法がありえます。そのためにはここでもトナーのデータベースが必要になってきます。各メーカの機種と使用されるトナーの情報です。

　トナーはカーボンを含むプラスチックの微粒子でその他に無機物の添加剤を含みます。キャリアー（鉄粉）によって感光体にトナーの鏡像が形成され，静電気で紙に転写されます。転写されたトナーを加熱し紙に定着します（図4-30）。

　トナーの主成分はカーボンブラックですが，その他に表4-25に示すように

表4-25　トナー成分

無機添加剤（帯電制御剤）	プラスチック成分
ケイ素―鉄	ポリスチレン
ケイ素―チタン	ポリスチレン―アクリレート
ケイ素―クロム	ポリエステル
ケイ素―アルミニウム	エポキシ
ケイ素	ポリエチレン
カルシウム	

図4-30　コピー印刷の原理

各種の無機成分を含みます。この無機成分とプラスチック成分の組み合わせがコピー機により異なるため，メーカと機種が推定できるのです。

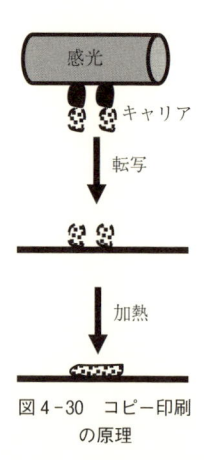

犯行声明文や脅迫状の鑑定ではその紙の鑑定も有用です。紙の種類は非常に多くありますが，コピー用紙は一定の規格があるため異同識別が可能です。

紙質鑑定ではまず厚みを測定します。おおむね0.085～0.100mmの範囲にあります。紫外線を照射して蛍光剤が含有されているかどうか，含有されていれば顕微分光光度計でその紫外部の吸収（または反射）スペクトルを測定します。紙の表面には填料といって表面を平滑にして書きやすいようにタルクやカオリン，カルサイトなどが塗布されています。これらの成分の種類や組み合わせが製紙メーカや紙質により異なります。また，紙本体の紙繊維を検査し，針葉樹パルプや広葉樹パルプを顕微鏡で観察します。紙繊維の種類による紙質の鑑別は困難ですが，再生パルプの紙繊維はバージンパルプより短い傾向があり，再生紙では夾雑物が混入していることがあるためある程度の識別は可能です。

以上のように犯行声明文や脅迫状の鑑定は，トナー成分と紙質の検査を組み合わせることで絞り込むことができるのです。

■ 自然由来物鑑定

（1）土砂中の鉱物

犯罪現場に微量の土砂が残されていた場合，これはどこの土か，と考えるのは捜査員の普通の感覚でしょう。これを実現するためには，どうしても土砂のデータベースが必要です。どの地域にどんな土砂があるかがわかった上で，その特徴によって分類した土砂の分布図があれば土の供給源推定の可能性がでて

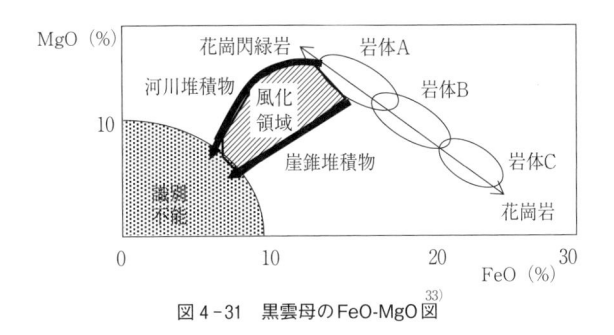

図4-31　黒雲母のFeO-MgO図[33]

くるのです。

　これは結構，時間のかかる仕事でしたが私はライフワークとして京都周辺の土砂を採取し分析して化学成分による分類を行いました。京都周辺には花崗岩類，砂岩，頁岩の風化物，溶岩の砕屑物，海成粘土，陸成粘土……などが存在し土砂の分布図を作成しました。[34]

　この研究で最も警察捜査に役立つと思われたのが，土砂中の黒雲母の分析です。黒雲母は花崗岩類に含まれる黒色の薄片状の鉱物で，しばしば靴や自動車の泥に混じっています。ですから現場に残された土砂から黒雲母を探し出せれば，場所の推定が可能となるのです。その方法は次のようなものです。

　花崗岩類に含まれる黒雲母の化学成分は，花崗岩類の種類によって差がある。たとえば図4-31の岩体Aは黒っぽい花崗岩類で花崗閃緑岩とよばれ，黒雲母や角閃石，磁鉄鉱などを含み鉄分の多い岩石である。ここに含まれる黒雲母は，逆に鉄分が少なくマグネシウムに富む。岩体Cは白っぽい花崗岩類で狭義の花崗岩とよばれる。このタイプのものは黒雲母をあまり含まず岩石全体は鉄分に乏しいが，ここに含まれる黒雲母は鉄分に富みマグネシウムに乏しい。岩体Bは両者の中間的なタイプであり，黒雲母の化学成分により三つに分類できる。

　これらの花崗岩類が風化し土砂になる過程は図の二つの矢印で示される。一つは崖錐堆積物（崖が風化し堆積）ではほぼ直線状に鉄とマグネシウムが黒雲母から溶脱して行く。もう一つは河川中の黒雲母でやや曲線状に減少していく。この二つの線の間の領域に風化した黒雲母がプロットされる。この傾向は他の岩体でも同様で，元の花崗岩の領域から図4-31の左下に向かって風化して行く。この風化する領域（傾き）がA，B，Cの花崗岩類で異なるため，土砂中の

黒雲母はその化学成分により，元の岩体に関係付けることができる。元の花崗岩類のタイプがわかれば，分布図によって地域が推定される。なお，黒雲母が強度に風化し，銀色または淡黄色になっている試料では鉄・マグネシウムとも10%以下となり，識別することは困難である。

　この方法は，花崗岩類が存在する地域に用いることができます。幸い日本列島には花崗岩類が多く分布するので，各地域で黒雲母の化学成分による分類と分布図を作成しておけば，捜査に役立つものと思われます。他にも，長石や角閃石，スピネル類などの鉱物に着目した方法も有効と考えられます。

(2) 植 物 片

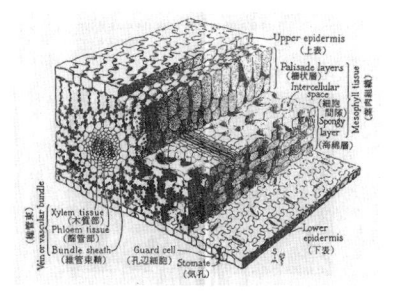

図 4-32　葉の組織

植物片は，殺人事件で死亡者の司法解剖を行った際，胃の内容物の検査で問題となることがあります。肉などは胃で溶けてしまいますが，野菜などの植物は細胞膜が残ります。その植物細胞の形態から元の野菜の種類がある程度推定できます。

　植物の葉は図4-32のように下面と上面の表皮細胞に挟まれた葉肉組織で構成されています。この下面表皮細胞に気孔が多く存在し様々な表皮細胞の形態が観察されます。この表皮細胞の形態を5種類に分類し，その形態から植物名を推定する方法が研究されました（図4-33）。[35]

　気孔は単子葉植物では規則的に並びますが，双子葉植物では不規則に配列します。気孔が密集する植物では細毛が顕著である傾向があります。このような気孔の状況と表皮細胞の形態から植物の種類を推定します。これには数多くの細胞形態のデータベースが必要です。図4-34に食用植物の下面表皮細胞の数例を掲載しました（生物顕微鏡，80～160×）。

4　物理科（工学科）

　物理科には電気，機械，金属など工学分野の専門技術を持った職員が配置さ

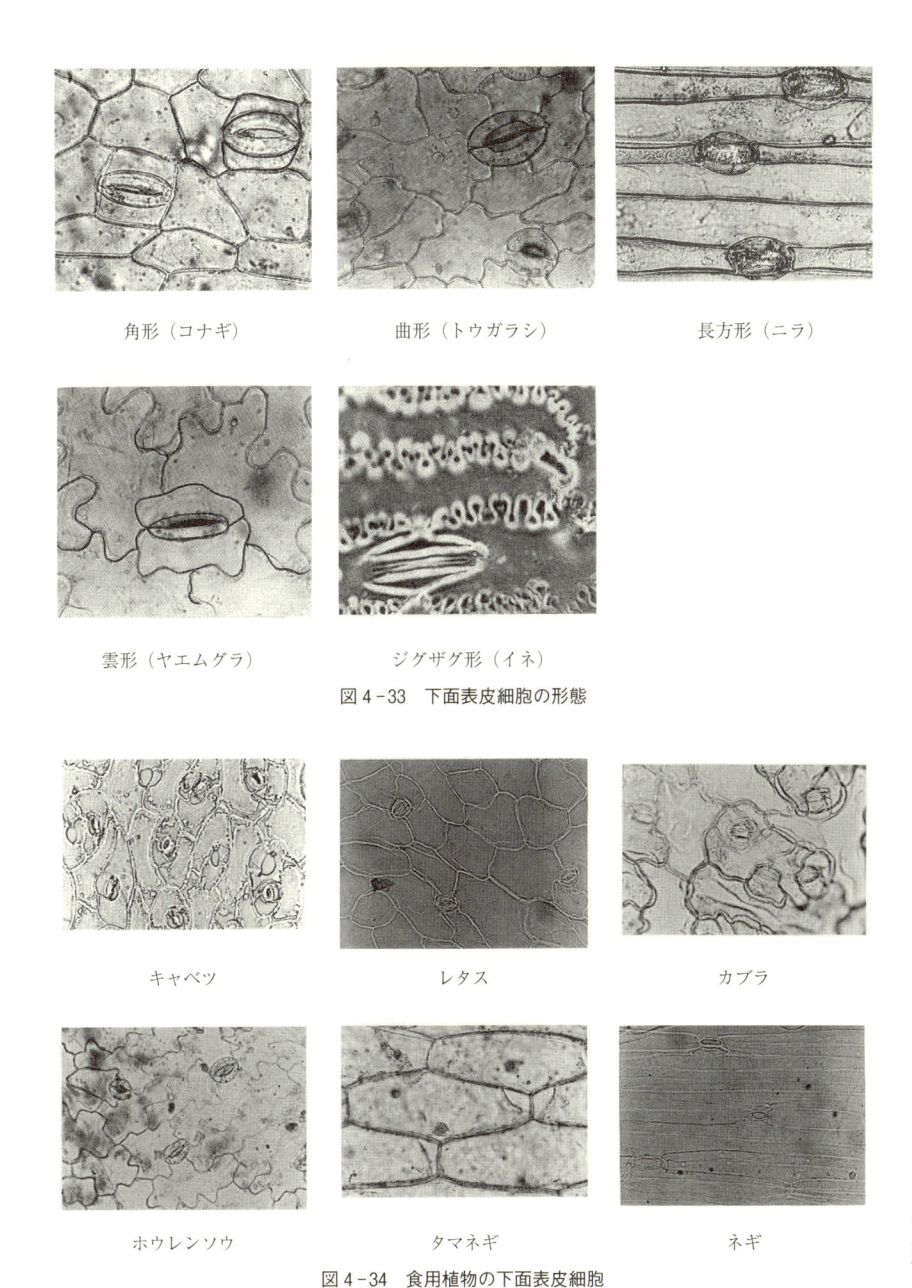

角形（コナギ）　　　　　曲形（トウガラシ）　　　　長方形（ニラ）

雲形（ヤエムグラ）　　　ジグザグ形（イネ）

図4-33　下面表皮細胞の形態

キャベツ　　　　　　　　レタス　　　　　　　　　カブラ

ホウレンソウ　　　　　　タマネギ　　　　　　　　ネギ

図4-34　食用植物の下面表皮細胞

表4-26 家庭における失火の原因

原因	事例
不注意	○ タバコの不始末 ○ てんぷら油の加熱 ○ ガスコンロ消し忘れ ○ 灯油ストーブにガソリン誤注入 ○ ストーブの上に洗濯物落下，またはストーブ直近で洗濯物を乾燥
電気配線	○ 配線が一部断線し過熱，過電流 ○ プラグのトラッキング現象でほこりに着火 （トラッキング現象…プラグの両極間で火花放電，両極間に電気が流れ発熱，さらに発火する現象，図4-37参照）

れています。警察の捜査からの依頼で行う鑑定は，刑事部門では火災原因の究明，けん銃や弾丸の鑑定，さらに画像鑑定で府県によっては音声鑑定も行います。交通部門では交通事故原因の究明，交通事故解析があります。

■ 火災鑑定

　火災事件では常に放火の可能性を念頭に捜査しなければなりません。科捜研が火災現場へ出動する目的は出火元特定と火災原因の究明ですが，捜査員と同様に放火か失火かという眼で現場を観察する必要があります。

　放火事件とは犯人が意図的に火をつけ，財産や生命を消失させる犯罪で，放火の動機には次のようなケースが考えられます。

・人間関係（親族・友人など）上の怨恨，ストレス
・保険金目当て
・殺人事件など証拠隠滅目的
・社会への不満
・火事場騒ぎ，愉快犯

　このうち，動機が社会への不満や愉快犯では連続的犯行となる傾向があります。一般火災は冬季に多い傾向がありますが，放火事件は季節に関係がないようです。火災現場で放火が疑われる根拠としては，次のような点が上げられます。

・火の気のない場所から出火

・出火元からガソリンや灯油が検出（ストーブ周辺以外の場所から検出）
・直前に火災保険加入，または相当額以上の火災保険がかけられている

　このような条件に一つでも該当すれば放火の可能性がでてくるわけです。家庭でよくある失火の原因について事例を表4-26にまとめました。

(1) 燃焼器具

　出火元がガスコンロやストーブなど燃焼器具の場合，その周辺が最も著しく焼燬しています。さらにその部位から炎が立ち上がった痕跡が壁などに残ります。したがって，ストーブが跡形も無いほど焼燬していても出火元が推定できます（図4-35）。

図4-35　炎の痕跡

　原因と考えられる燃焼器具を持ち帰り，ガス栓の開閉状態またはストーブの通電状態（または芯の燃焼位置の状態など）が検査されます。火災現場では激しく燃えた部位や燃え広がり方（火流）を調査し出火元が推定されます。一般に火災は下から上へ燃え広がり，二階建て住宅では階段を通じて火流が吹き上がります。木材の燃え方の程度は目視で観察し，受けた火力が強いほど，炭化（黒変）→亀甲状→灰化・焼失の順に変化します。亀甲状とは木材表面がいびつにひび割れた状態で，火力が強いほどひび割れの角が丸みを帯びてきます（図4-36）。このような状況などを観察し，火がどの方向から来たかを推定するのです。

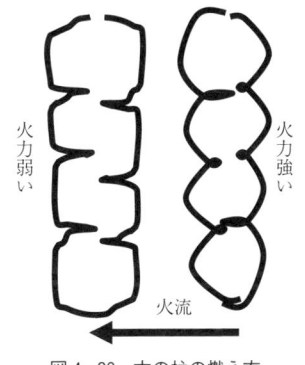

図4-36　木の柱の燃え方

(2) 電気器具

　電気ストーブなど発熱体を有する器具のほかに，扇風機など発熱体を有しない電気器具でも配線の状況によっては過電流が流れ発熱して出火することがあります。その一つが配線の一部が断線したため，残った電線に過電流が流れ発熱する場合です。このケースではショートなどの電気的異常痕跡が残ります。また長期間コンセントに差し込んだままのプラグにほこりが蓄積し，湿気によ

り両極間で漏電し，ほこりに着火して火災になること（トラッキング現象，図4-37）があります。このようなケースでは電気器具の通電状態や電気的異常痕跡を検査しそれが出火の原因となるかどうかを鑑定します。

■ 銃器弾丸鑑定

けん銃発砲事件やけん銃を使用した殺人事件で「発射された弾丸が押収されたけん銃から発射されたものかどうか」が問題となります。日本では銃砲刀剣所持等取締法（銃刀法）によって原則的に所持を禁止していますので犯罪に使用されるけん銃は，密輸入されたけん銃，密造されたけん銃，または改造けん銃（モデルガンを改造し実包発射機能を持たせたもの）ということになります。なお，国内で銃器を所持できるのは，けん銃では司法警察職員，自衛官などの公務員で，空気銃や猟銃（散弾銃・ライフル銃）では狩猟，有害鳥獣除去，標的射撃を目的とした場合です。後者の場合は公安委員会の許可が必要になります。

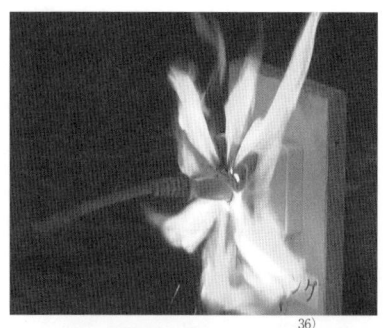

トラッキング現象による発火[36]

トラッキング現象で焼燬したコンセントとプラグ[37]

図4-37 トラッキング現象

図4-38に警察で使用されているけん銃の例を掲載しました。けん銃には弾丸の装填方法により，回転弾装式（リボルバー）と自動式（オートマティック）があります。弾丸は銅被甲弾で訓練用には鉛弾を使用します。

「発射された弾丸が使用された銃器に由来する」と特定できる根拠は，その銃器に固有の特徴が発射された弾丸の円筒部側面に残る，という考え方に拠っています。また，複数発の弾丸を発射しても同じ痕跡が弾丸に残る，という前提が必要です。

銃器弾丸鑑定では，この痕跡を「線条痕（ライフルマーク）」とよんでいます。線状の工具痕という意味です。これはどのようにして付けられるかというと，

ニューナンブM60　38口径　　　　　　　　H&K P2000　［オートマチック］[39]
［リボルバー］[38]

図4-38　警察で使用されるけん銃

それは銃器の銃身の内側（銃腔）にあります。図4-39は銃腔と発射弾丸の痕跡の模式図です。銃身の内側には「腔旋」といってらせん状に回転するように刻まれた凹凸があります。腔旋には右回転のものと左回転のものがあり，その条数は4～8程度が大半です。これは弾丸と腔旋がかみ合うことによって発射時に弾丸に旋回運動を与え，飛行を安定させて命中率を向上させるためのものなのです。この腔旋の特徴は銃器のメーカと型式で決まっているので，弾丸の線条痕を鑑定することでメーカ，型式が推定されます。さらに腔旋の加工過程で偶然的に損傷が残ったり研ぎ刃の交換があったりなどでその銃器固有の形状特徴が付加されます。このような微細な特徴を比較顕微鏡（図4-40）で観察することで，問題の銃器から弾丸が発射されたかを鑑定するのです。

まず現場から発射された弾丸（発射弾丸）を採取し，綿など柔らかいものに包んで保管します。一方，使用されたと考えられるけん銃が発見されれば，その銃器に使用される新しい弾丸を装塡し，試射水槽などで試射します。これを試射弾丸といいます。次いで，発射弾丸と試射弾丸の線条痕を比較顕微鏡で観察します。そしてある箇所に，連続して対応する条痕が4本以上あれば，同一銃器に由来する痕跡であると判断するのです。[41]

ただし問題も存在します。

- 弾丸に付けられる線条痕は三次元ですが，観察は二次元で行っている
- 発射弾丸は体内に残存した場合を除き，破壊の程度が著しく比較困難

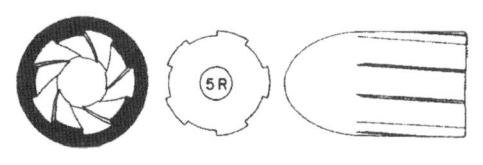

図4-39 条数5の腔旋と実包の線条痕[42]

（腔旋／右回転／線条痕）

図4-40 比較顕微鏡

・形態観察は個人差が多く非科学的（という指摘）

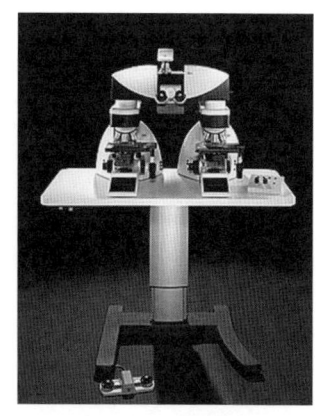

銃器弾丸鑑定は歴史のある鑑定分野ですが，職人芸の要素があります。たとえば，図4-41のような弾丸Aと弾丸Bの線条痕の比較で，画像1と2でははっきり見える線条痕も，左右の照明条件が異なれば，画像4〜6のように異なった様相を示します。現在，画像解析技術の導入，線条痕の基礎的研究，一致度の数量的評価法などが研究されています。

次に，射手鑑別について紹介します。これは，銃器を発射した被疑者が逮捕された場合，発射した証拠固めに行われます。また替え玉で出頭する例がありますから，その真偽を確かめるために必要となります。

実包（図4-42）を発射する時，薬きょう内に装填されていた火薬が爆発し弾丸が飛び出します。からの薬莢はけん銃の外に排出されますが，この時，未燃焼火薬の残渣が後方に散乱します。この火薬残渣は射手の手の親指から人差し指付近の領域と射手の着衣に付着するのです。これらの残渣を，粘着シートで採取し，火薬成分に含まれる無機元素（バリウム，マグネシウム，アンチモンなど）をX線マイクロアナライザーで分析します。

■ 交通事故解析

交通事故が発生したとき，警察署の交通事故捜査係の警察官が現場へ急行し事故処理にあたります。交通遮断，人命救助，二次災害防止など応急措置のほか当事者への聴取，破損状況，現場の鑑識活動（タイヤ痕，部品，塗膜片などの採取）を行って交通事故原因の解明を行います。そして必要な捜査が終了すれば現状復帰を行います。ひき逃げ事故や多重衝突など重大な事故では警察本部交通指導課の交通事故捜査係と交通鑑識係の臨場を要請し詳細な現場鑑識を

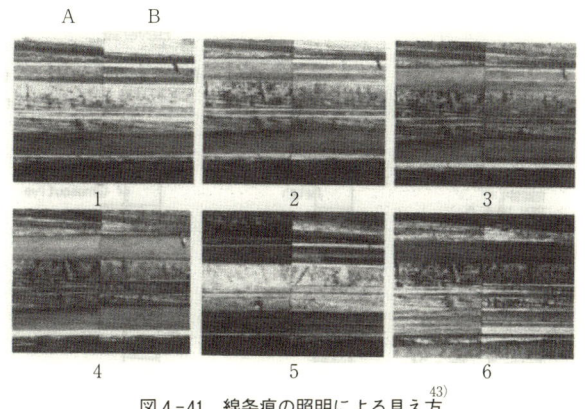

図4-41　線条痕の照明による見え方[43]

図4-42　実包の構造[44]
1 弾丸　2 薬莢
3 発射薬　4 抽筒板
5 雷管

行って，事故状況・原因の解明を行います。交通事故原因究明のため，府県によっては科捜研の物理科も出動し，必要な助言や鑑定を行っています。

(1) タコグラフ

　科捜研で行われる交通事故解析にタコグラフの解析があります。タコグラフとは，事業用自動車のスピードメーターに装着を義務付けられた運行記録計で，走行距離・走行速度・走行時間などが1日または1週間単位で円形の感熱チャート紙（または電磁記録媒体など）に記録されたものです。装着が義務付けられた自動車は5t以上のトラック・トレーラー・貸切バス・路線バス・タクシーなどで，タコグラフのデータは輸送業者の運行管理に活用されています。

　交通事故の捜査では，被疑車両の事故当時の速度や運行状況を把握するために重要な資料となります。しばしば大型車両では人を轢いたのに「全く異常を感じなかった」と被疑者が申告する場合があり，その時の速度やブレーキをかけた状況などをタコグラフから究明することに

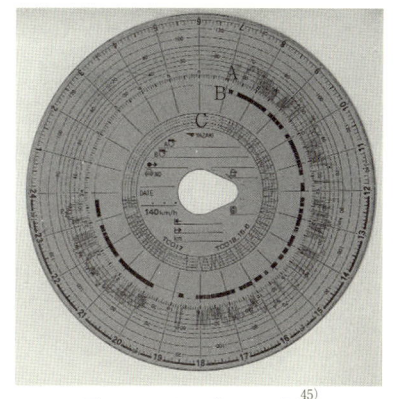

図4-43　タコグラフの解析[45]

なります。

　タコグラフのチャートを図4-43に掲載しました。まずタコグラフの外周には時間が目盛ってあり，A，B，Cの記録状況から運転開始時間がわかります。その内側のAに速度が記録されます。ピークが鋭い（上下が激しい）ほど速度の上げ下げが激しいことがわかります。高速道路の走行では高速域を一定に保つ状態になります。その内側のBには走行中か停止中かが記録されます。上下の幅は1kmで黒い所は走行中，白い（距離0）ところは停止中です。最も内側のCには移動距離が記録されます。この一目盛が1kmで，上下間で5km，一山で10kmとなります。この山が密になるほど移動時間が短い，つまり移動速度が速いことを意味します。もし水平の線になれば停止していることがわかります。

(2) シミレーション

　交通事故では，事故当時の速度，位置関係，ブレーキの有無などから走行状況を解明しますが，最近搭載されるようになったドライブレコーダーや防犯カメラなどの画像も活用します。ここで得られたデータを交通事故解析ソフトでシミレーションを行い事故状況を再現し検討することができます。

■ **画像解析**

　顔画像の鑑定は法医科で，筆跡など文字の画像鑑定は文書科で行われますが，人間の身長，物体の比較，ナンバープレートの数字などは物理科で鑑定されます。防犯カメラで撮影された犯人の画像から身長を推定するには，現場で犯人が撮影された位置に計測用の棒を立て，画像を重ね合わせるといった単純な方法によりある程度は推定できますが，人間の行動中の姿勢であることや歩き方でかなりの誤差が出ることなどのため，正確な身長の算出は困難な状況です。

　また犯人が所持していたカバンの捜査で「捜査員が購入してきた同じ種類のカバンと同じといっていいかどうか」などの依頼があります。このような場合はロゴや柄の特徴点を観察したり計測したりして異同識別を行うことになりますが，画像に撮影されたカバンとの比較ですから簡単ではありません。画像と同じ角度から撮影した画像同士を比較するなどの方法が取られますが，撮影の仕方で結果が変わらないか，両者の一致度をどのように評価するのか，など課題は多くあります。立体的な物体は三次元画像で観察することや画像の重ね合

わせの技術（ソフト）の開発，重ね合わせの一致度の基準の設定などが今後期待されます。

　ナンバープレートの数字が問題となるのは，オービスで記録されるスピード違反車両やＮシステム（自動車ナンバー自動読取装置）で記録される手配車両の自動車ナンバーの画像です。自動車ナンバーを写りにくくする細工をするケースや数字を削り取るなどの悪質なケースでも自動車ナンバー画像を鮮明化して読み取ったり元のナンバーの可能性を推定したりするのです。この鑑定にも各種の解析ソフトが研究されており，全国で一律に鑑定できるようになることが望まれます。

5　文書科

■ 筆跡鑑定

　文書科の主な鑑定は筆跡鑑定です。筆跡学は歴史が古く，美術品や書物などの真贋の「鑑定」に使われてきました。しかしこの方法は人によってまちまちであり，いわゆるその道の権威が「鑑定」しお墨付きをもらうといった流れで，それが今日の警察の筆跡鑑定に受け継がれてきました。しかし現在では，画像解析技術，数理統計学，遺伝的アルゴリズムによる重ね合わせ法などにより，客観性と汎用性が向上しつつあり，全国的に統一された鑑定方法が確立されれば，公判における証拠能力が増すものと期待されます。

　筆跡，つまり人が書いた文字は，その人の長い年月によって培われた個性が現れ，それが個人に特有のものであるという前提で，その人が書いたものかどうかが鑑別できるというものです。特に署名（サイン）は重要です。日本では署名の上，押印しますが，海外（韓国を除く）では署名だけでその人のもの，と認定されています。余談ですが私は海外でカード決済をした際，サインを求められアルファベットで記載したところ「これではダメだ，自分自身のサインをしてくれ」といわれ，何のことだかわからなかったのですが，先方は自国の文字で書くよう求めていることがわかり，漢字で書いて了承された経験があります。署名は世界的に個人独自のもの，と慣例的に認められているといえます。

　しかし，意識的に自分とは異なる文字を書こうと思えばそれなりに書けるも

のであり，たとえば脅迫文書に書かれた文字とその事件の被疑者が書く文字を対照しようとする場合，被疑者が通常書いている文字とは異なる文字を作為的に書けば，「異なる文字」という結果になる可能性があります。したがって，被疑者から対照文字を採取する場合は，採取者が一定の文書を通常の速さで読み，これをリアルタイムに書き取らせる方法が採用されます。または被疑者のノートなどが対照資料となります。

　文字には個人によって癖が出やすい部位があり，そのような箇所が一致しているか異なるかを丹念に見ていきます。そのようなチェックする部位がどの程度一致するかで同一人が書いたものかが判定されるのです。この基準は鑑定するものが誰であっても同じであることが必要で，経験や勘で判断するような主観的な方法は科学鑑定としては妥当とはいえません。問題の資料（脅迫文書，遺書，念書，借用書，預金払戻請求書，承諾書，封筒など）に記載された文字と，対照資料（ノート，被疑者が記載した文字など）に記載された文字を比較し，単に「似ている」という評価ではなく，評価基準に照らし合わせてどの程度似ているのかを統計的手法を用いて数値化することが科学鑑定として必要と考えられます。

元の文字

(a) 抹消文字

元の文字

(b) 改ざん文字

図4-44　不明文字

■ 不明文字鑑定

　目視できない文字を可視化して解読する依頼があります。それには次のようなケースがあり，斜光線や赤外線などを照射して浮かび上がらせ判読することができます。

・筆圧痕文字：便箋やノートなどに文字を書くと，筆圧によりその下の紙に文字の跡が残ります。文字を書いた紙は無くても，筆圧痕文字から文章を判読できます
・抹消文字：墨で塗りつぶした文字（図4-44 (a)）を判読する
・改ざん文字：文字を修正または追加（図4-44 (b)）1が4に改ざんされてもその箇所を検出し，元の文字を判読する
・炭化文書：燃やされた文書から文字を判読する

■ 印章鑑定

　印鑑の鑑定が必要となる場合は，問題の書類（預金払戻請求書や約束手形など）の印影が問題の印鑑で押印されたものかどうか，などの場合です。このような場合は両者の印影画像を重ね合わせ，どの程度一致するかを鑑定します。いわゆる三文判の印鑑であっても，製造工程による差異や使用による経時変化（磨耗や損傷など）による印鑑の特徴があり，これらを手がかりに鑑定されます（図4-45）。

　たとえば図4-45Aのような印影が押された文書が問題なったとしましょう。一方，被疑者が所持していた印鑑の陰影がBであったとします。両者の画像を重ね合わせるとCのように一部重ならない部分（矢印で示す差分）が残ります。このような場合は不一致となり他の印鑑の可能性がでてきます。

　印影画像が一致するか不一致かを数量的に評価する方法として「遺伝的アルゴリズム（図4-46）」を応用した方法が研究されています。遺伝的アルゴリズムとは，最も効率のよい方法を見出す計算方法で，生物が環境に適応するときの遺伝の仕方に見立てて正解を得る方法です。

　この遺伝的アルゴリズムは，解の数より方程式が多い場合に用いられる「最小二乗法」による最尤値（もっともらしい値）を求める方法に似ていますが，条件の組み合わせを変えたり，予想外の条件を導入したりする点でより現実的な事象の最適化に有効な方法といえます。応用例としては，工業では生産ラインの編成の最適化，流通関係ではトラックや貨車の配車計画の最適化，図形に関係した問題では，類似画像の抽出，図形の配置，画像の復元の最適化などがあ

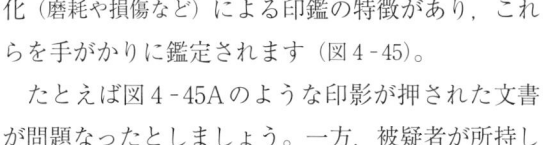

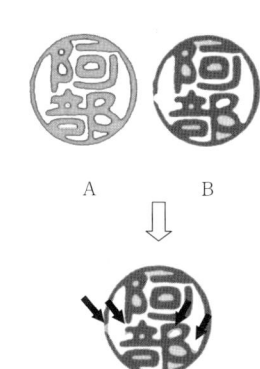

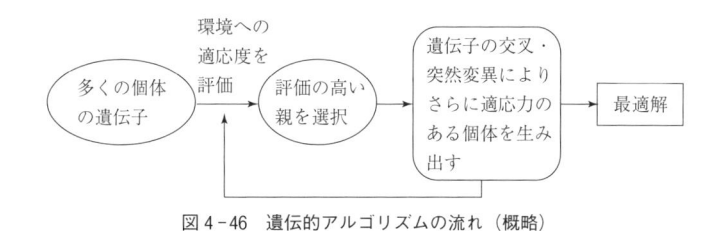

図4-45　AとBの重ね合わせ
（Aの差分を矢印で示す）

図4-46　遺伝的アルゴリズムの流れ（概略）

ります。このように印影画像などの資料で最も問題の印影に一致するものを抽出したり，一致の程度を評価したりする方法が研究されています。

6 心理科

　心理科の業務はポリグラフ検査です。最近導入された「犯罪捜査プロファイリング」は，その導入時に心理科も関与していましたが，現在では多くの府県で捜査一課や犯罪情勢分析室などに移管され，プロファイリングの教育を受けた警察官が担当しています。ここでは，ポリグラフ検査について紹介します。

　ポリグラフ（polygraph）は「複数のグラフ」という意味で，ポリグラフ検査は身体の呼吸波・心拍数・指先の血管の脈波・指先の皮膚電気伝導度などのグラフを同時に記録したものです。これは病院における検診で心電図や血圧計，指先の酸素濃度計など生体の活動から得られる情報と同類のもので，患者の生体監視にモニタとして使用されるものは医用ポリグラフといいます。例えば裁決質問法では，検査を受ける人（被検査者）に質問し，記憶認識があるかないかをグラフに表わされる生理反応の状況から判断します。したがってポリグラフ検査は質問に対する記憶認識があるかないかを見るものであり，ウソを発見する検査（ウソ発見器）ではないのです。ですからポリグラフ検査の結果は「○○に認識が認められる（または認められない）」などと判定されます。

　記憶認識の有無が，呼吸波・心拍数・脈波・皮膚電気伝導度などの生理反応でなぜわかるか，というと認識の有無がこれらの生理反応に現れやすい，ということが前提となっているからです。すなわち，知らないことを質問されても異常な生理反応は現れませんが，知っていることを質問され「いいえ」と答えると，知らないことを質問されて「いいえ」と答えた時より生理反応の変化が現れやすいため，その変化を手がかりに認識の有無が推定されるのです。

■ 歴　史

　心理科以外の科学捜査で扱う資料は血液や繊維片などの物質であるのに対し，心理科では人間そのものを対象として検査する点が異質であり特徴点でもあります。人間を扱う科学の代表としては医学があります。医学では病気の原因究明と治療が目的となりますが，心理科のポリグラフは人間の心理状態の解

明が目的となり精神生理学・臨床心理学の一分野といえるかもしれません。しかしポリグラフ検査は，被疑者の取調べと密接に関係しており，捜査現場からは人からの捜査の補助的手段と認識されていることは疑う余地がありません。

人体の生理反応を「客観的手法」で検査し犯人かどうかを判定しようという試みは古代から行われていました。このことが現在でも「ポリグラフ検査はまやかしだ」という疑念を払拭できない要因となっています。たとえば古代日本においては「盟神探湯（くかたち）」といって，やや熱めの湯に手を入れやけどを負えば犯人と判定するものであり「犯人であれば緊張し手先の体温が低下してやや熱めでもやけどをするのがわからない」ことが根拠となっていました。また中世ヨーロッパでは魔女裁判が横行し「針を身体に刺して血が出なければ魔女」などという判定などが行われたという記述もあります。[46]

このような人体から真偽を引き出す方法が非科学的であった歴史のため，ポリグラフ検査への疑念が払拭できない状況がありましたが，今日ではポリグラフ装置の進歩によって，アメリカにおいてはポリグラフが犯罪捜査や人事管理などで多用されるようになっています。しかし犯罪立証の証拠としては，アメリカをはじめ多くの国で認められているとはいいがたい現状なのです。

■ 証拠能力

国内では証拠能力が認められる条件として，検査者の適格性，検査機器の適格性，鑑定書の適格性を上げています。しかしその証拠能力が認められた例はわずかしかありません（最高裁決定昭43・2・8）。ポリグラフ検査を刑事手続に利用することは不許容とする考え方があり，[47] 裁判所は慎重な姿勢を崩していないのです。その理由には次のようなことが考えられます。

- 被検査者の認識の不正確性……陽性反応が検出された場合に「認識あり」と評価されるが，被検査者の思い込みであったり，他人やマスコミからの伝聞であったりすることを完全に排除することができない。したがって「認識あり＝真実」との判定はできない
- 検査者の資質……ポリグラフの検査者は，検査のための質問を作成する場合，現場の状況など捜査員と綿密に協議しなければならないが，予断や捜査の意向などを排除し厳密に中立の立場で行っている。しかし捜査の意向や雰囲気に最も近いところでの検査であり，その中立性を疑問視する見方も完全には払拭できない
- ポリグラフ検査の科学的根拠……ポリグラフ検査は精神生理学の科学的原理に立

脚したものであり学会で認められていると考えられる。しかし黒であるのに陽性反応が出なかったり白であるのに陽性反応が出たりすることがあり，それは単に思い込みや伝聞記憶だけではなく，個人の体質によるケースもあるなど反応の発現機構は単純ではない。このようなケースの頻度（誤判別の確率）はどの程度ありその原因は何か，さらに「認識あり」という知覚がなぜ，どのようにして生理反応として出現するのか，が具体的に裁判員にも説明できなければ，科学的手法として広く認知されることは困難と思われる
- ポリグラフ検査は黙秘権を侵害するものであること[48]

以上のことから，ポリグラフ検査の証拠としての採用は限定的であり，主に捜査の初期段階，つまり被疑者の取調べ前で実施し捜査の参考とすることで活用されているのです。

■ ポリグラフ検査の実際

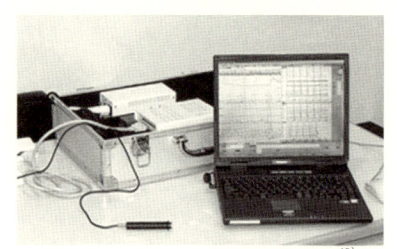

図4-47 デジタル式ポリグラフ装置[49]

2006（平成18）年頃からデジタル式ポリグラフ装置（図4-47）が各府県に導入され，性能とデータの信頼性・客観性が向上しました。この装置は可搬型で科捜研のポリグラフ検査室はもちろん警察署の取調室でも専門の検査者が検査を行っています。被検査者は犯罪の容疑者ですが，健康上の理由で検査に支障がある者，妊娠している者，検査上必要な意思疎通が困難な者は除外されます（なお，女性の被検査者では立会人を立て，未成年者では保護者などを立会人として立てます。外国人の場合は通訳を介して行います）。

ポリグラフ検査は任意の検査ですので，実施前に捜査員が検査について簡単な説明を行った後，被検査者が検査を受ける意向があるか否かの確認を求め，受ける場合は承諾書を作成します（黙秘権を担保するため強制的な検査は行えません）。そして検査室に入室し，必要に応じて立会人を立てます。検査者は被検査者にポリグラフ検査装置の検出器をセットし，検査者が予め用意した質問表に基づき質問をしていきます。質問法には表4-27のように対照質問法と裁決質問法がありますが，いずれも質問に対し被検査者に「いいえ」と答えてもらい，その生理学的な反応をみます。

表4-27 質問法

質問法	目　的	質問の方法	備　考
対照質問法	犯罪と無関係かそうともいえないか徴候を見極める	関係質問・対照質問・無関係質問を織り交ぜて質問	犯罪の容疑事実を知っている者は関係質問に特別な反応を示すことから，犯人性を大雑把に判断
裁決質問法（緊張最高点質問法）	犯人しか知らないような犯罪の認識の有無を判別する	裁決質問・非裁決質問を織り交ぜて質問	被験者が取調べや報道ですでに知っている場合は適用できない

・対照質問法
 ⎰ 関係質問…その犯罪への関与に関する質問
 ｜　　　　例：Aさんを殺したのはあなたですか？
 ⎨ 対照質問…関係質問と等価であるが被験者が関与していない内容の質問
 ｜　　　　例：Aさんを殺したのはBさんですか？
 ⎩ 無関係質問…事件と無関係な質問
 　　⇒判定法：関係質問での生理反応が対照質問で現れた生理反応より大きい場合は虚偽徴候があると判断する。

・裁決質問法
 ⎰ 裁決質問…犯人しか知らない事実に関する質問
 ⎩ 非裁決質問…その他の質問

　裁決質問法は裁決質問と非裁決質問を5項目ほど混ぜて行い，被検査者にはすべて「いいえ」と回答してもらうもので，犯罪とは無関係な項目と関係ある項目に対する生理反応の違いを検出するものです。記憶がある場合には，呼吸波・心拍数・脈波・皮膚コンダクタンス変化（さらに血圧・皮膚血流量・規準化脈波容積）などを指標としたグラフに変化が現れることを前提としています。たとえば「リンゴ泥棒」事件で容疑者に盗んだ物を質問したとします（表4-28）。
　この時，図4-48のような反応が現れたとします。縦軸のA，B……などは心拍数や脈波などの生理反応の測定項目で，その検出器の反応を模擬的に示しました。横軸は時間の変化で1～5の質問がなされた時間を示したものです。これは実際のポリグラフではありませんが，B以外の検出器（指標）では4番の質問で他の質問とは異なった生理反応が認められることから，総合的に「4

表 4-28 質問票

1	あなたが盗んだのは,	みかんですか
2	〃	ブドウですか
3	〃	バナナですか
4	〃	りんごですか
5	〃	メロンですか

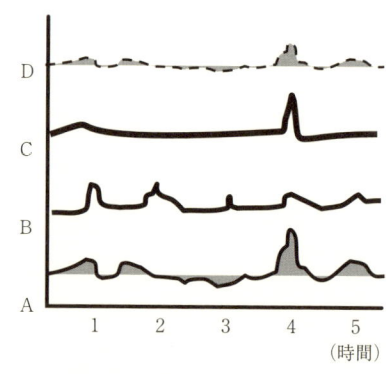

図 4-48 ポリグラフ（イメージ）

番の質問に認識あり」と判断でき「りんご」に認識があると推定されるわけです。

現在, 裁判での証拠採用を目指し, 様々な生理反応の測定とその妥当性の検討や生理反応がなぜ起こるかなどの根本的な課題が精力的に研究されています。

〔註〕
1) 山岸幸太朗ほか「新規血痕予備検査試薬 Hemascine の有効性について」, 18p.（http://www.abacusdiagnostics.com/Hemascein_Japanese_Forensic_Science_and_Technology.pdf）
2) 山本茂『血液型――生命現象への化学的アプローチ』化学同人（1986）p.175
3) 前掲註2）
4) 渥美東洋, 朝日新聞（2012・2・23朝刊）
5) 産経新聞（2009・5・9朝刊）
6) 法医学講義「個人識別（白骨）」（http://archive.is/f49k）
7) 科学警察研究所・警察庁「生物第二研究室」ホームページ（http://www.npa.go.jp/nrips/jp/first/section2.html）
8) 前掲註7）
9) 前掲註7）
10) 西玲子・西勝英監修『薬・毒物中毒マニュアル』医療ジャーナル社（2003）p.419
11) 神奈川県衛生研究所ホームページ「身の周りの化学物質」（2006）（http://www.eiken.pref.kanagawa.jp/008_topics/files/topics_041020_00.htm）
12) 前掲註10）
13) 大垣市民病院薬剤部・吉村正一郎ほか『急性中毒情報ファイル』廣川書店（1996）p.738
14) 前掲註10）
15) Robert H.Dreisbach（山村秀夫訳）『中毒ハンドブック』廣川書店（1984）p.577
16) 前掲註13）
17) 東京都健康安全研究センター研究年報621号「輸入農産物中の残留農薬実態調査」

（2011）
18) Anthony T.Tu（井上尚英訳）「化学・生物兵器概論」じほう（2001）p.198
19) Anthony T.Tu「サリンと神経ガスの化学」現代化学（1995）pp.62-66
20) 田村豊幸『薬の副作用事典』産業調査会事典出版センター（1990）p.2215
21) M.N.G.Dukes（真木正博ほか訳）『医薬品の副作用大事典』西村書店（1998）p.1351
22) 前掲註15)
23) SHIMADZU，分析計測器ホームページ「ガソリン成分の分析／GC」(http://www.an.shimadzu.co.jp/apl/auto/fuel_battery0403005.htm)
24) SHIMADZU,分析計測器ホームページ「灯油・軽油の分析／GC」(http://www.an.shimadzu.co.jp/apl/auto/fuel_battery0403010.htm)
25) 東京都立産業技術研究センターホームページ「顔料と染料の判別」(2010) (http://www.iri-tokyo.jp/joho/kohoshi/archives/complaint/shiken/ganryou2.html)
26) Sankeiホームページ，カールツァイス顕微分光光度計システム（2009）(http://www.sankei-coltd.co.jp/list/detail.php?kd=&id=14)
27) 顕微紫外可視近赤外分光光度計「カラーフィルターの透過率測定」日本分光（2012）(http://www.jasco.co.jp/jpn/product/microUV/micro UV.html)
28) 福島県ハイテクプラザホームページ「有機分析アラカルト Vol.7　異物の分析事例」PDF (http://www4.pref.fukushima.jp/hightech/archive/uploads/H240511arakarut-V ol7.pdf)
29) 島津テクノリサーチ Technical Report「熱分解GCMSによるナイロンの分析」(2014) (http://www.shimadzu-techno.co.jp/technical/gcms4.html)
30) R.Cook and C.Wilson "The Significance of Finding Extraneous Fibres in Contact Cases". Forensic Sci. Int.,32, (1986) pp.267-273
31) J.Robertson, C.B.M.Kidd and Hirary M.P.Parkinson "The Persistence of Textile Fibres Transferred During Stimulated Contacts". J.Forensic Sci. Soc. 22, (1982) pp.353-360
32) 前掲註31)
33) 平岡義博『土の分析法』愛智出版（2011）p.355
34) 前掲註33)
35) 廣江美之助「捜査植物学　第四巻」青菁社（1991）p.125
36) 大阪市消防局「トラッキング」大阪市ホームページ（2012）(http://www.city.osaka.lg.
37) 北はりま消防本部「トラッキング現象」ホームページ (http://www. kitaharima119.net/saigaiyobo/tracking/)
38) MEDIAGUN DATABASE「ニューナンブM60」ホームページ（2014）(http://mgdb.himitsukichi.com/pukiwiki/?%A5%DF%A5%CD%A5%D9%A5%A2%20M60)
39) Wikipedia「H&K P2000」(2013) (http://ja.wikipedia.org/wiki/H&K_P2000)
40) 内山常雄「線条痕の画像解析」日本写真学会誌67巻（2004）pp.361-370

41) 前掲註40)
42) 前掲註40)
43) 前掲註40)
44) Wikipedia「実包」(2014)（http://ja.wikipedia.org/wiki/%E5%AE%9F%E5%8C%85）
45) タコグラフの紹介（http://www30.atpages.jp/kitouin/b1/roza2/ROSA25.html）
46) Wikipedia "Matthew Hopkins" (2013)（http://ja.wikipedia.org/wiki/%E3%83%9E%E3%82%B7%E3%83%A5%E3%83%BC%E3%83%BB%E3%83%9B%E3%83%97%E3%82%AD%E3%83%B3%E3%82%B9）
47) 浅田和茂「科学的証拠」村井敏邦・川崎英明・白取祐司編『刑事司法改革と刑事訴訟法下巻』日本評論社（2007）pp.784-812.
48) 前掲註47)
49) 科学警察研究所・警察庁「情報科学第一研究室」ホームページ（http://www.npa.go.jp/nrips/jp/fourth/section1.html）

5章
鑑定資料の管理

1　鑑識資料の採取から鑑定，返却までの流れ

　事件現場で警察署の鑑識係や警察本部鑑識課の機動鑑識隊により，事件に関わりがあると考えられる「鑑識資料」が採取されます。採取日時・場所や採取者・立会人を明確にし，採取場所の撮影が行われて証拠資料化がなされます。これらの資料は清浄なポリ袋やポリ容器などに収納され，その後の汚染がないよう密封されます。特に重要と考えられる被疑者から採取した口腔内細胞，覚せい剤粉末，被疑者の尿や血液などの資料は封印されます。採取資料には番号が付けられ，証拠資料化で記録された内容がラベル紙などに記載されています。

　本部鑑識課や警察署鑑識係で採取資料が整理され，その重要性により吟味されて，鑑定すべき資料が選別されます。現場で採取される資料は事件直後に採取されたもののほか，その後再び現場で採取されるものもあり，その数は年々増加しています。鑑識に従事する者は，資料により最適な採取方法を考え，さらに何が重要な資料かを判断する「考える鑑識」に努めています。それは重要な証拠資料の早期解明が捜査を動かし被疑者検挙に結びつくからで，鑑識は捜査と科捜研を結びつけ動かす要ともいえるのです。

　鑑識課（係）で整理され選別された資料は，鑑定資料として新たな番号が付けられ，鑑定嘱託書とともに科捜研に持ち込まれます。形式的には，事件発生管轄区域の警察署長から科学捜査研究所長あてに鑑定嘱託されます。鑑定嘱託書の記載内容は概ね次の通りです。

1	警察署の発送番号	7	鑑定資料の名称及び数量
2	嘱託年月日	8	鑑定事項
3	事件名	9	資料の採取箇所及び状態
4	犯罪の年月日,犯罪の場所	10	事件概要
5	被害者の氏名,年齢等	11	資料の採取年月日
6	被疑者の氏名,年齢等	12	資料採取者

　ここで,採取資料と鑑定資料の対応関係は,鑑識課(係)で一覧表が作成され明らかになりますが,鑑定嘱託書の「資料の名称及び数量」欄に採取番号が付記されている場合もあります。「鑑定事項」は科捜研各科の鑑定内容により異なりますが,二,三のケースを紹介します。

- 物の解明…資料は何か/資料は〇〇を含むか否か,など
- 異同識別…資料1と資料2は同種のものか否か

　鑑定事項の中に「その他参考事項」と書かれていることがありますが,鑑定によって得られた結果の中で,捜査上参考になる事項を求めている,と理解されます。しかし何もなければ特に書きませんし,「その他参考事項」がなくても特に注意しなければならないことや,情報として付け加える点があれば記載しています。

　このような内容の鑑定嘱託書と鑑定資料が科捜研に持ち込まれますと,担当者がこれを点検し,不備があれば問題を指摘し修正を促すか,再提出を求めます。次のような資料の状態に問題がある場合や,鑑定嘱託そのものの趣旨が不明である場合,鑑定そのものができない場合では受理しないことがあります。

- 鑑定嘱託書が添付されていない場合(鑑定資料だけが提出された場合)
- 鑑定資料に資料番号がない場合,または鑑定嘱託書と整合しない場合
- 鑑定嘱託日が鑑定資料採取日より先行している場合
- 被疑者への捜査が十分行われていない場合(例:ある事件が発生した職場の従業員全員のDNA型やすべてのタバコの吸殻など,とりあえずDNA型情報を集めるなどの目的)
- 鑑定方法が確立していない鑑定や科捜研の技術ではできない鑑定(河川中のケイソウや土壌中の花粉分析,食品分析など)

鑑定嘱託書と鑑定資料に問題なければ科捜研各科に備え付けの受理簿に必要事項を持ち込み者に記入してもらいます。記載事項は，警察署名・嘱託日・持込日時・持込者・資料名などです。そして受理した担当者が氏名を記入します。
　受理担当者はさらに，科捜研全体の収受簿の一連番号から収受番号を取得し，鑑定嘱託書に収受印を押して収受番号を記載します。同時に，受理した鑑定資料と鑑定嘱託書を鑑定担当者に渡し，持ち込み者からの情報や緊急性なども伝えます。鑑定嘱託書は決裁に上げます。DNA型鑑定資料は毎日，非常に多くの鑑定嘱託がありますので，ここで間違わないよう複数名で行うことが大切です。
　次に，鑑定嘱託書に対する鑑定書の記載事項を次に示します。

```
1  鑑定書発送番号        6  資料の措置
2  鑑定書発送日          7  付記（鑑定開始日～終了日など）
3  資料の状態            7  鑑定書作成日
4  鑑定経過              8  鑑定担当者名（署名　押印）
5  鑑定結果
```

　鑑定書発送番号と鑑定書発送日は，鑑定が終了し決裁が終了した後，科学捜査研究所に備え付けの鑑定書発送簿（年単位）から一連番号を取り，その日を記載します。
　「資料の状態」ではまずその資料の状態を記録し写真（画像）を撮影します。資料番号や大きさ・内容量や覚せい剤事案の尿であれば封印状態などがわかるように撮影します。梱包されているものでは順次開封した状態や，微細な資料では顕微鏡画像を撮影します。そして形状や色調などの特徴を記録します。
　「鑑定経過」は，たとえば覚せい剤鑑定では呈色試験やスクリーニングキットなどでの予備試験の結果と，それらの反応が陽性であった後に行う本試験の経過と結果を記載します。化学分析で物を特定しようとする場合，少なくとも3種以上の異なった原理の分析機器を用いて証明することが求められます。たとえば覚せい剤成分であれば，薄層クロマトグラフィーとGCMSです。GCMSはGCのガスクロマトグラフィーとMSの質量分析の異なる原理の分析法が組み合わさったもので二種の分析法ということから合計三種の分析法ということ

になります。

　これはたとえば象を象として認める場合，一種の方法で見ただけでは象の尻尾しか見ないで象と判定することの危険性と同じで，複数の方法で得られる複数の結果を突き合せることが正確性を上げることにつながるためです。科学的な鑑定法とは複数の異なる方法で分析した結果，同じ物質であることが示されれば，そこで始めて物が特定されるのです。

　「鑑定結果」では，以上の経過に基づき得られた結果や所見を簡略に記載します。

　「資料の措置」では，鑑定のため使用した量と残余の返却する量などを記載します。鑑定資料が微量のため全量を消費した場合は，その旨を記載します。そして「付記」として鑑定に取り掛かった月日と終了した月日を記載し，署名・押印します。鑑定終了日と鑑定書作成日は同じになるのが普通ですが，同じ日に鑑定書が作成できない場合は数日ずれることになります。

　作成した鑑定書は決裁に上げ，そこでチェックを受けます。再検討や再検査を指摘された場合はさらに鑑定しますから，鑑定終了日はそれが終わった月日となります。決裁が終われば，科捜研に備え付けの発送簿の一連番号から発送番号を取り，発送日とともに記入して嘱託された警察署へ鑑定資料の残余とともに返却します。

2 Chain of Custody（略称：CoC，管理の連鎖）

　Chain of Custodyという概念は「流通過程である生産品（商品）が消費者に届くまでに適格な管理が続いて行く（連鎖する）ことで，生産品の表示と中身に相違ないという信頼が確保される」というものです。この「管理の連鎖」が強化されれば，生産段階から最終消費（廃棄）段階まで流通経路を追跡（流通のトレーサビリティー）の向上になると期待されています。

　このようなことは，食品などの産地情報の追跡のみならず，大病院での患者の正確な識別や，鑑識資料の採取から公判に提示される証拠物件の一貫性の保証に重要です。大病院では以前，患者の取り違いによる誤手術などで社会問題になりました。その後，電子カルテや患者カードの導入など様々な管理システ

ムがとられ,患者本人の取り違えや検査試料の取り違えの改善が図られました。

科捜研では2010年のDNA型鑑定の強化方策により,急激なDNA型鑑定資料の増加があり,消耗品予算の増額や鑑定要員の増員,鑑定資料管理の強化など応急対策が行われました。しかし神奈川県で発生したDNA型データベースの誤登録により無関係な人の逮捕状を取った事案があり[1],これは鑑定収受から鑑定書作成・データベース登録の過程のどこかで管理の連鎖が切断し,中身がすり変わったことによります。現在,大量一括方式のDNA型鑑定が科警研で行われており,鑑定資料の厳格な追跡管理が行われています。このようなシステムが府県の科捜研にも2010年までに施策されておれば,と悔やまれます。

現在の科捜研では,鑑定資料の収受から発送まで収受簿と発送簿で流れを管理し,鑑定作業の中でも鑑定資料の取り間違いのないようラベルと資料を確認し,一度使用した容器などは汚染防止のため廃棄するような対策を採用しています。

さらに科捜研の各科を所内LANで結び,迅速かつ正確に鑑定資料を管理するなどの改善を行い,これを発展させて鑑識課(係)による資料採取から警察署へ返却後の資料管理まで,一連のものとして管理するシステムを構築する必要があります。鑑識資料の紛失や取り間違いを防止することは刑事部や交通部,警察署などといった部署レベルの問題ではなく,警察全体の問題として検討する必要があると思われます。

3 返却資料の管理

鑑定の結果,重要な証拠とされた証拠物件もその他の鑑定後の残余も,鑑定が終了すれば鑑定嘱託された警察署に返却するのが基本です。犯罪捜査規範第186条に「血液,精液,唾液,臓器,毛髪,薬品,爆発物等の鑑識に当たっては,なるべくその全部を用いることなく一部をもって行い,残部は保存しておく等再鑑識のための考慮を払わなければならない」とあり,証拠物件の再鑑定を前提にした保管管理の必要性を明記しています。しかし「なるべく」とか「考慮を払う」など努力目標のニュアンスが強く,全量消費されたり廃棄されたりすることが多い実情にあります。しかし2010年4月に殺人罪などの公訴時効が

廃止され，再審事案で無罪判決も報道されるなど，証拠資料の再鑑定のニーズが高まっている現状にあるといえます。「全量消費」という措置は，公判で証拠隠滅のように取られ，鑑定する者としてはむしろ積極的に残すように努めることが，公判維持には有利と思われます。

「自分はこう判断したが，問題があれば返却した資料を再鑑定して下さい」と胸を張る鑑定をしたいものです。

しかし，資料を返却されて困るのは警察署なのです。各署にDNA型鑑定資料用に保管冷蔵庫が配備されましたが，この急増の現状では焼け石に水状態で，適正な管理は非常に困難な状況にあると思われます。一応，保管管理体制なるものができてはいますが，その受け皿となる施設がほとんどありません。貧弱な保管設備や保管管理体制は証拠資料の紛失などの発生の要因になっていると思われます。

返却資料は血液などの生体資料のほか，覚せい剤事案の尿などもその対象になります。「科捜研で保管してほしい」という声もありますが，科捜研は鑑定する部署であり，証拠資料を長期保管管理する部署ではありません。証拠資料を遺族に返却するか廃棄するか，長期保管するか時効まで保管するかなどの判断は，捜査主管である警察署の判断に委ねられており，科捜研で勝手に判断することはできないのです。

覚せい剤使用の証明では必ず被疑者の尿鑑定が必要です。尿鑑定のため，100ml程度の尿が採取され，鑑定嘱託されると鑑定終了後に大半の尿が残ります。これを返却して再鑑定に備えるのが筋ですが，嘱託した警察署では保管する設備がなく「全量消費してくれ」ということになるのです。それで全量消費したり余った尿は便所に廃棄したりしていましたが，公判で「廃棄するとは何事か」とか「残余は返却すべき」といった議論に接し，保管管理施設が無い現状では，鑑定に必要な30ml程度を受け付け，それ以上は返却することにしました。当然のことながら警察署は30mlのみを採取し鑑定嘱託するようになりました。これが現実です。

証拠資料の適正な保管管理は，刑事部・生活安全部・交通部など全部署・全警察署に共通の問題で，現在の司法情勢に対応するには一元管理できる「証拠資料管理センター」のような部署を新設する必要があります。一警察署の副所

長や指定された課長補佐が単独で保管管理できる話ではありません。「証拠資料管理センター」では事件毎に保管期限を定め，警察署毎・事件毎に分類して，コンピュータによるシステムにより管理し，定期的に点検する業務を専門的に行う必要があります。警察組織では捜査部門や公安部門などの正面部隊には充実した要員・予算がつけられますが，後方支援部隊の捜査援助部門には目が行き届きにくい傾向があります。証拠品の適正管理は全国的な問題ですので，捜査の適正化・公判維持の一環として取り組むべき課題です。

〔註〕
1）毎日新聞（2010・3・25）

6章 鑑定の品質

　科捜研の鑑定が科学的根拠に基づいた方法で客観的に行われ，科捜研職員が中立の立場で被疑者・被害者にも偏らず鑑定結果を提出することは当然のことなのですが，分野によっては法則や理論が十分解明されていない方法もあり，各府県の鑑定レベルも一様ではないなど解決すべき課題があります。また鑑定職員として守るべき倫理や鑑定能力など人的資質に関わる課題もあります。

　さらに信頼性が高く安全で十分な鑑定をするための環境，すなわち鑑定消耗品費や分析機器の維持管理費など必要な予算がつけられているのか，また汚染が混入することなく安全に鑑定できる実験検査施設として必要な要件を備えた施設で鑑定を行っているのか，など鑑定環境整備上の課題があります。

　このような要件は鑑定のレベルや信頼性を保証する上で避けては通ることができないものであり，この章ではこれを品質管理の立場から「鑑定の品質」という概念で総合的に検討することにします。

1 鑑定法の統一

　犯罪の重大さは日本全国同じですから，事件の証拠物件を鑑定する科捜研の力量も同じでなければなりません。ある県の科捜研のレベルが他の県より劣るために「他府県でわかることが自県ではわからない」などのことがあれば，事件捜査を左右し治安の格差を生む一因になるからです。

　現在，鑑定の品質管理が最もよくできているのはDNA型鑑定です。科学警察研究所の指導により全府県の科捜研で鑑定法が統一され，鑑定職員の鑑定技術レベルが一定の基準に達していないと鑑定できないシステムになっており，日本全国の科捜研で同レベルのDNA型鑑定ができるようになっています。

化学鑑定や物理鑑定も化学法則や物理法則に基づいた検査法が使われており，分析機器を用いた鑑定が主となりますので，鑑定法の統一は比較的容易と考えられます。しかし各府県で定めた鑑定方法で行っている実情にあり，科警研のイニシアティブにより一刻も早く標準となる鑑定方法（SOP；Standard Operating Procedure，標準操作法）を統一し，全国一様レベルの鑑定の品質を保持することが望まれます。

　心理科ではデジタル式ポリグラフ検査器が全国に導入され，以前のポリグラフ検査器よりも多種の客観的なデータが取れるようになり，可搬性にも優れるなど性能が向上しています。また文書科でも不明文字検出装置など各種の検査装置が導入され，鑑定職員の目や経験による方法から画像解析や統計解析を用いた客観的な方法へと変わりつつあります。しかしながら，心理科や文書科は実務経験など職人芸的な鑑定が長く続いたこともあり，依然として個人の考え方（流儀）を重んじる傾向があり，鑑定法の統一は難しい状況にあります。

　心理科のポリグラフ検査は，人間の反応（行動）を扱いその結果を解釈する分野であり，その解析法に研究の焦点がおかれますが，自然科学とは異なり原理・原則がまだ未解明な分野といわざるをえません。すなわち，ある刺激を被検査者に行った場合，なぜ反応が生じるのか（または生じないのか）といった人体の反応機構や，同じ刺激でも反応が起こったり起こらなかったりするあいまいさが何に由来するのか，といった発現の確率と原因などが解明されねばならないと考えられます。

　文書科の筆跡も，個人の特徴を現すものとされていますが，なぜ個人によって筆跡に特徴が現れるのか，それは人体の脳・神経・筋肉のどのような習慣的運動によって形成されるのか，といったことがよくわかりません。筆跡の特徴点（はね方や止め方など）はかなりわかっていて類型化されているはずですが，日本人において，ある類型パターンがどれほどの確率で出現するのか（そのパターンが極めて希なのか，または誰にでもみられる一般的なものか）が数量的に示されなければ，筆跡が「類似」とか「同種」という鑑定結果をどの程度信頼していいのか悩むところです。

　鑑定法統一の遅れは，その分野が科学として未熟であることを意味しています。鑑定の根拠があいまいだとして公判にさえ提出できないような事態になれ

ば，それは鑑定職員として無念の極みであり，科学捜査に期待する国民も残念に思うはずです。ポリグラフ検査は捜査官の取調べの前さばき的な使われ方に終始せず，科学的な根拠を基に証拠資料として公判に出せるようにすべきですし，警察の文書鑑定も科学的な根拠を基に旧来の経験や権威を笠に着た重鎮の鑑定と堂々と渡り合うようになることが期待されるのです。

2 鑑定職員の採用試験・人事異動

　「科捜研」の知名度が浸透するに従い，科捜研への就職を希望する若者が増えてきた傾向があります。採用試験の合格率が60倍に達することもあり，人気の職種であることをうかがわせています。

　科捜研の職員の採用は警察職員の中の一般職員（技術系）ですから，警察官試験とは異なります。科捜研は各府県の警察本部に所属しますから，地方公務員試験によって選考され採用されます。各府県で採用試験の方法が異なるかもしれませんが，京都府では化学系と物理系については京都府地方公務員試験（上級）に合格した者の中から警察本部長が任命する形をとっています。しかし法医科や文書科・心理科に相当する京都府の採用試験枠が無いため，この試験に相当するものとして警察独自に科捜研職員採用試験（公募）を実施し選考の上必要数を採用しています。

　最近，DNA型鑑定が急増し各府県とも増員採用を実施していますが，新規採用者がなかなか定着しない，という現状があります。それは最近の学生の気質というよりも，入所前の期待と現実の落差，将来への展望の見えにくさ，などによるものと思われます。

　テレビドラマの「科捜研の女」のイメージは無残に打ち砕かれ，警察官から道具のように使われる印象を持つ職員も少なくないでしょうし，採用された順にほぼ昇任していく年功序列社会でしかも異動が無い所属ですから，どこまで辛抱できるか自信が無くなってしまうこともありえることです。科捜研は気が合わない上司や部下がいても，なんとか摺り合わせて定年までやっていかねばならない閉鎖社会なのです。

　最近，科捜研へ異動を希望する警察官を配属させる動きが各府県で見られる

ようになってきました。警察官を配属させる形態には三つあります。

①科捜研の庶務や管理を担当する（例）科捜研所長，副所長，庶務担当
②科捜研の鑑定の補助を行う（例）DNA型データ登録作業，写真撮影作業など
③科捜研の鑑定を行う

　このうち③は重要な問題を含んでいます。端的にいえば科捜研の中立性の問題です。科捜研の鑑定を希望して配属される警察官は大学時代にその専門を履修していることが要件で，科捜研に配属後，科警研の法科学研修所養成科で鑑定に必要な心構えと技術を修得することが必須となります。このような警察官の中には技術者としても優秀な方がおり，科警研も各府県の実情を優先し否定的なスタンスではありません。

　しかし公判で「あなたは警察職員として鑑定をやっていることに疑問を感じないか」とか「警察官の言いなりになっていないか」などと散々追及された経験がある私には，「警察官の鑑定」というだけでかなりもめるのではないか，と思われるのです。それならば「警察官の身分から一般職員に鞍替えすればいい」という方策もあります。しかし，給与が事実上格下げになる（司法職員と一般職員では給与体系が異なる）ことや警察官が持つ権力が無くなるなど抵抗感を示す警察官がいてもおかしくありません。

　警察官を科捜研に異動させる安易な人事が行われるには理由があります。科捜研人気は高いとはいうものの，採用後すぐ辞めてしまい，ほぼ毎年採用試験をしなければならない現状があり，府県によっては希望者がなかなか集まらないケースもあるからです。それでもDNA型鑑定資料はどんどん来るわけでどうしても処理していかなければならない。科捜研は単純作業をこなしているような環境になりつつあるのです。ある理科系大学出身と自称する警察官の科捜研所長が口走っていた言葉が印象的です。

　「科捜研の鑑定は分析機械がやっているのだから，これを警察官にやらせ，一部の優秀な専門家がこれをチェックすれば効率がいいのだ」と。ならば科捜研の職員はロボットだったのか。鑑定の品質を管理しつつ鑑定し，得られた結果が妥当かどうか常にチェックするのがそれぞれの鑑定職員の職責であるのに。

科捜研職員は各府県単位で採用されていますので，他府県の科捜研に異動したいと思ってもできないのが現実です。「異動したければその府県の採用試験を受けなさい」ということになるのです。それでも府県間の異動は全くないことではなく，ある県に所長に適当な年齢の職員が不在だったため，別の県から所長として異動したケースなどもあります。両者の府県の事情に鑑み人事担当部署が認めればありうるということなのでしょう。

　また科警研に数年，出向ということはあります。科警研における大量一括方式のDNA型鑑定要員や研究補助要員として出向するケースです。この場合はその期間，国家公務員に身分切り替えをすることになります。

　このようなことが制度として可能であるならば，府県間の科捜研で積極的に人事異動することは，様々な点で科捜研の活性化や鑑定の品質の均一化に有利ではないかと思われます。また，人間関係における不満などもある程度は解消されると期待されます。年齢構成のアンバランスによるいびつな人事も解消できます。少なくとも近県の府県がグループを作り，その中で異動できるようにする，たとえば東北管区・関東管区・中部管区（東海地域と北陸地域）・近畿管区・中国管区・四国管区・九州管区（北海道はすでに函館・旭川など方面本部に科捜研があります）の各管区内で科捜研職員を回すのです。これには通勤上の問題や個人の希望など障害となることも考えられますが，科捜研鑑定の品質向上に資するものであり，警察捜査力が強化されるメリットがあると考えられるのです。

3　鑑定倫理

　科捜研職員は中立の立場でいかなる圧力にも屈せず，鑑定データに基づき自分の判断を下さねばなりません。偽造や捏造は許されず，事実のみに忠実であることが求められます。

　さらに鑑定職員は科学者としての倫理が強く求められます。2014年1月末日，STAP細胞に関する報道がなされ，これが捏造の疑いで調査される事態となり，この件の当事者だけでなく科学者としての倫理が問題となりました。実験ノートをつけること，これを保管すること，その教育を行うこと等々……。お恥ずかしいことに私の大学にはそのような授業はなかったと記憶しています

表6-1　尿中覚せい剤鑑定メモ（例）

鑑定嘱託	嘱託番号	被疑者名	開始日時	資料状態	写　真	結　果
検査結果	予備試験	TLC	GCMS	グラフ	終了日時	

　が，実験すれば普通，ノートにメモしたものです。でないと忘れてしまいますからノートに書いたりメモをとったりは必然的なものでした。しかしそれを保管するとなると話は別で，ノート類は卒業と同時に捨ててしまったと思います。それが後々問題になるとは全く考えていませんでした。

　しかし，鑑定となるとそうはいきません。後々問題になるのです。「鑑定ノート」や「鑑定メモ」を作成することは，日々，多くの鑑定を処理する鑑定職員としては鑑定資料の取り違え防止のためにも，公判での記憶喚起のためにも，また鑑定結果を導いた根拠のためにも必要です。これらのノートやメモ類の提出を命じられた時に，「廃棄した」とか「作成していない」などと証言すれば，今日ではそれはもう通らないと理解した方がいいでしょう。むしろ「証拠隠滅行為ではないか」とか「鑑定結果が捏造ではないか」と指摘されるだけでなく，鑑定職員としての鑑定倫理を疑われる時代なのです。

　以前，府県によっては鑑定結果を導く根拠となるグラフなどを鑑定書につけていないケースがありました。このようなことはすでに改善されたと思いますが，鑑定書には必要なグラフや写真画像など根拠となるデータを添付すべきです。そして鑑定書に不要と判断して添付しなかったグラフやネガなどは，メモ類とともに鑑定書の控えに一件書類として添付しておくべきでしょう。

　鑑定書の控えに添付するメモは，公判に提出することを前提に様式を統一しておくことがよいと思います。たとえばルーチンで行っている鑑定ごとに「覚せい剤鑑定メモ（例：表6-1）」「薬毒物鑑定メモ」「DNA型鑑定メモ」などのように検査項目ごとに記入する所定の用紙を準備し，これに記載して鑑定終了後鑑定書控えに添付するのです。

　鑑定ノートのような個人の覚書は私物であっても，定年後に自宅に持って帰ることはできませんので，鑑定書控えにすべて添付し科捜研で管理しておくほ

かありません。

4 科捜研の予算

「腹が減っては戦ができない」ように，予算がなければ鑑定はできません。しかし科捜研の予算はどの府県においても決して潤沢ではなく厳しい環境にあるといえます。捜査現場からの大量の鑑定資料の流入にもかかわらず増額申請が認められなければどうなるのか。とりあえずは業者への支払いを待ってもらうほかない。それでも回っていかなければ自助努力，購入する薬品の質を落とす，通常よりも薬品濃度を薄めて検査に使う……。こんなことしか思いつく方法がなくなってくるのです。

もし本当に薬品の質を落としたら……。1955年に発覚した森永ヒ素ミルク事件を想起すべきです。粉ミルクにヒ素が混入していたため1万人以上の乳児がヒ素中毒にかかり多くの死亡者や脳性マヒなどの後遺症患者を出した事件です。この原因は粉ミルクに安定剤として混合する第二リン酸ソーダという薬品が，当初は試薬1級のものが使用されていたのに実用段階で廉価な工業用の第二リン酸ソーダに切り替えられたことが原因といわれています。この工業用の薬品はアルミナを製造するさいに排出される低純度の第二リン酸ソーダでここに多量のヒ素が混入していたのです。

たとえばDNA型鑑定で，試薬が高価だからといって安いものに切り代えれば不純物として混入していたDNAが増幅され犯人とは違うDNA型が検出されないか。また，試薬が高価だからといって濃度を規定以下に薄めて使用すれば，本来検出されるはずのDNAが検出されないことはないか。薬品の品質を落とすことによる捜査への影響は計り知れないものがあるのです。

予算の切り詰めで候補に上がるのが分析機器の維持管理のための定期検査費の削減です。GCMSなど真空系を維持しなければならない精密機器は，その性能を維持し常に同じ結果が得られるよう，専門の業者に定期点検を委託しなければなりません。自動車の車検と同様に整備されていない自動車は故障を起こしやすく事故も起こしやすいのです。定期検査を怠ったため，逆に修理に相当額の費用がかかることがあります。整備不良の機器で分析し不正確な結果を基

に鑑定書を作成し間違った鑑定結果を出してしまう危険性がありえます。このように科捜研予算の切り詰めは鑑定の品質に大きく影響するのです。

　特に昨今のDNA型鑑定が急増は顕著であり，『警察白書平成24年版』（pdf資料[1]）によると，DNA型データベースの被疑者DNA型記録の件数は2007（平成19）年に9,611件であったのが2011（平成23）年には33,089件（3.4倍）に，遺留DNA型記録件数は同じ4年間で16,346件から192,563件（11.8倍）に増加しています。特に遺留DNA型記録は毎年倍々ゲーム的な伸び方を示しています。このような状況では毎四半期ごとの消耗品予算はすぐに底をつくはずです。DNA型鑑定の強化は警察庁の方針ですがその警察庁自体が火の車なのです。それで国費がなければ府県の予算から少しでも補助してもらったり，業者に支払いを待ってもらったりと，自転車操業を強いられるのです。このような状況の中でも，鑑定嘱託をしてくる警察官は，全く資料点数を気にせず当たり前のように持ってくるわけで，その必要度をよく吟味し鑑定の受け付けを厳しくすると当然，相手は難色を示し「減らせない」の一点張りで，最後は喧嘩になってしまうこともしばしばありました。

　ここでわかった問題は，二つありました。

　一つは責任問題。現在，警察には「俺が責任取ってやる」という太っ腹な上司はきわめて少なくなっている，ということです。ミスを犯すことが最も忌避すべきことなのです。責任をとらされたりミスしたりすることは，昇進に差し支えるだけでなく不祥事とされれば辞職しなければならない。したがって万全を尽くし，責任の矛先をかわしておく必要があるようです。その点で科捜研は便利な組織といえます。何か良い結果がでれば儲け物，出なくても「科捜研にすべて鑑定させた」という実績が残り，受理を拒否されても「科捜研に嘱託したが拒否された」という言い訳が立つ。科捜研は鑑定の受け皿であると同時に責任の受け皿といえるのです。

　二つ目の問題は非受益者負担（利益を享受するのに負担しない）。科捜研に金の心配なく鑑定嘱託できるのは，科捜研が無料で鑑定してくれるからで，これは予算の使い方としては世間に通用しないものです。鑑定を依頼する者の意向や命令で鑑定を受けた者が自前の予算で鑑定して無償で依頼人に返す。これは，発注者が零細工場にパーツ製作を依頼し，製作して納入しても代金が支払われ

ないことと同じです。大学の法医学教室への解剖謝金も同じことです。近年，司法解剖の件数が急増しています。それは変死事件で殺人を見逃さないように，という方針によっていますが，その解剖謝金が数年前まで鑑識・科捜研予算で賄われていたのです。捜査の必要性によりどんどん司法解剖しその費用を科捜研に回す。これはたとえばどこかの社長の御曹司が飲み代のつけを庶務に回しているような状態だったのです。その額があまりに膨大になったため，科捜研のDNA型鑑定を圧迫しだし，現在では鑑識・科捜研予算とは別枠で執行されるようになりました。

解剖謝金を科捜研から支払うシステムができたのは，科捜研設立当初から法医科と大学の法医学教室に密接な関係があり，捜査の要請を受けて科捜研法医科から大学の法医学教室の教授に依頼して解剖を実施し，その謝金を科捜研から支払うようになっていたのです。それは，まだ件数が少ない頃の話です。しかし法医学教室での解剖の単価を上げ充実させることが法医学会と警察庁で決定され，費用が上昇，さらに解剖件数も増加したのです。この時，解剖謝金はこれまで通り科捜研から支払うこと，その予算執行の決裁は科捜研所長が行い会計から支払われることとなり，科捜研の意向にかかわらず解剖が実施され支払いだけが回ってくる状態になったのです。

一方，科捜研でできない鑑定では大学や民間の研究所や企業の研究所などで実施され捜査に活用されますが，この場合の費用は捜査費から支払われています。そこで始めて鑑定とはかなり高額なものだ，ということを知る警察官が多いようです。

解剖謝金を別会計にしても捜査現場からの歯止めの無いDNA型鑑定数の急増により，鑑定そのもの継続が困難になる事態に直面することがありました。受益者負担の原則に則り，捜査費の中から解剖謝金を支払い，必要に応じて鑑定費用を補填するようシステムに変更する必要があります。特に殺人事件など捜査本部事件では大量の鑑定資料が持ち込まれますので，少なくともこのような事件に限定してでも鑑定費用を補填するシステムが必要です。このような是正も含め，科学捜査の安定的な鑑定と品質向上のため，予算の投入が必要なのです。

5　科捜研施設の品質

　科捜研は検査・鑑定・研究機関ですから実験研究施設でなければなりませんし，研究所に係る各種の法令の基準を守らなければなりません。しかし府県によっては施設の優劣があるのも事実で，自慢できるような鑑定環境ではない科捜研が多いのです。これを「施設の品質」という視点で検討します。

　科捜研は，引火性の有機溶媒や毒劇物を業務上扱いますので消防法の適用を受けます。具体的には該当する溶媒の保管数量に制限があり，所定の施設に保管しなければなりませんし，水素などのガスボンベはボンベ室に置くよう指導されています。また水質汚濁防止法の特定施設に該当しますので有害物質の排出基準を守る義務があります。そのほか有機溶媒中毒予防規則や産業廃棄物処理法に基づく適正な管理がおこなわれなければなりません。これらに違反した場合は警察本部長にまで責任が及びます。法令を遵守すべき警察で違反は起こってはならないことなのです。

　科捜研の実験研究施設では薬品や火気を用いた検査のほか，物理科では火災実験や弾丸試射実験なども行っている点で，警察の他の部門とは作業環境が全く違います。捜査員がいる部屋が事務室（オフィス）なら科捜研は実験工場のようなものなのです。従って科捜研だけは専用の庁舎に入るべきなのです。いわゆるオフィスビルとは建築設計基準が全く違うのです。

　ところが多くの警察本部ではそのオフィスビルに科捜研が入っています。何十年も前から入っている科捜研では，天井が低く換気が不良で，新しい機械が入るたびに配線工事をしなければなりません。昨今のDNA型鑑定要員の増員でますます狭くなってきているのです。本部内や他の場所に部屋を確保するなどしてしのいでいる府県も多く，このような府県の科捜研はタコ足状態となり鑑定や人事管理がやりにくくなっています。

　科捜研の施設を建て替えるなどの要望を毎年提出しても，なかなか俎上に上がらないのが現実です。それは

　①科捜研施設建築の緊急性や特殊性が上層部になかなか伝わらないこと

②科捜研施設の建築予算は警察庁（国費）ではなく府県費であること
③科捜研のような実験・研究施設は他のオフィスとは違って単位面積あたりの建築単価が高いこと

などのことが、ネックにあるように思われます。そして最も大きな原因は、警察官の社会では科捜研はマイノリティーの部署でありそのような部署のために頑張ったところで警察官としては評価が低く、したがって昇進に何のプラスにもならない、という実情があります。勿論、そんなことは度外視し科捜研に耳を傾け、力を貸して頂いた警察官もいることも事実ですが……。

府県の警察本部には立派な科捜研施設を持つところもありますが、科捜研の鑑定職員一人当たりの平均的な面積（総面積／職員人数）は同じ府県の衛生（公害）研究所のおよそ半分程度のところが多いのです。多くの府県では老朽化や狭隘化が深刻な問題となっています。狭隘であることにより化学実験事故、鑑定試料の汚染などの危険が介在することを認識しなければなりません。それは鑑定の信頼性に関係する問題なのです。

6 アメリカの状況

日本の科学捜査は各種の問題点をはらみ発展途上にあるように思えます。アメリカの現状と比較すると歴然とします。FBI研究所を例に比較検討するとともに、現在アメリカ社会で問題になっている冤罪の解消に向けた動きを紹介します。

■ FBI研究所

アメリカには連邦警察があり、その中にFBI研究所があります。これは日本では警察庁の科学警察研究所（科警研）に相当する組織といえます。そして州には地方警察がありそこにCrime Laboratory（犯罪捜査研究所、別称Criminal Investigation Laboratory, Forensic Science Laboratory）があり、これは国内の各府県にある科学捜査研究所にあたる組織と考えられます。これらの法科学関係研究所が物的資料を分析し、これが事件捜査の行方を決定つけるだけでなく、公判で有力証拠となりうる点では日本と変わりありません。ただしアメリカでは州などの地方によって法制度が異なるため、捜査や鑑定などの手法が異なるこ

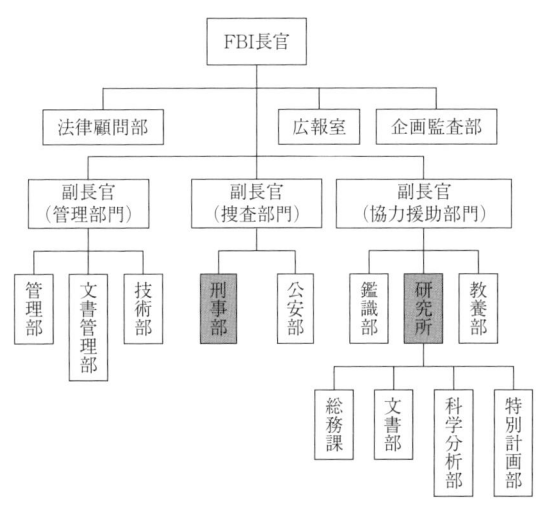

図6-1　1981年のFBI組織図概略
（文献の一部を引用）[2]

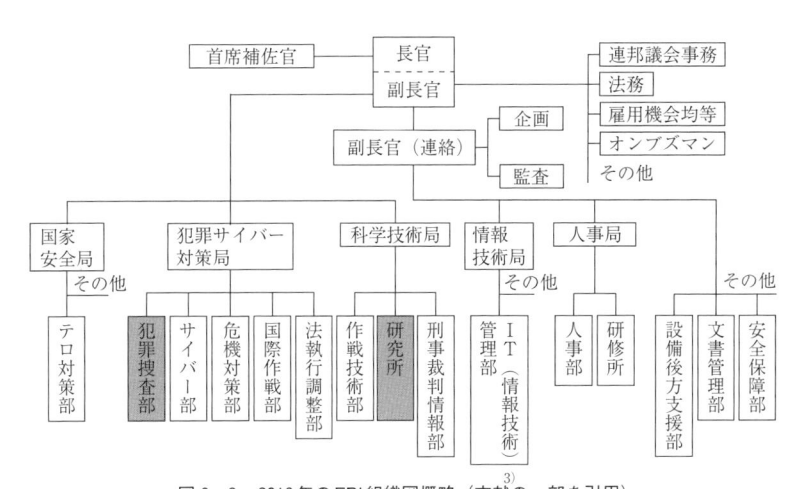

図6-2　2010年のFBI組織図概略（文献の一部を引用）[3]

とが考えられます。さらに日本との違いは組織制度にあります。

　FBIの原型は1908年設立の司法省捜査局にあり[4]，その後1935年連邦警察局（Federal Bureau of Investigation：FBI）と改称してその前の1932年にFBI研究所が発足しています。図6‐1（一部省略）は1981年の資料によるFBIの組織図[5]ですが，捜査部門が日本の警察と根本的に異なっていることがわかります。つまり日本では科捜研が刑事部の中にあり，捜査部門に従属した形になっていますが，FBIでは捜査部門と協力援助部門が明確に分離されているのです。なお日本警察の捜査・鑑識・科捜研は一体だと反論があるかもしれませんが，実際にはこれは精神的な考え方か努力目標であり，同等性を保証する根拠規定があるわけではありません。科捜研は捜査機関の影響力が及ぶ圏内にあるというのが現実です。その点，FBIでは捜査部門とは別部門の「協力援助部門」にあり，組織としての独自性が保証される体制であるといえます。より捜査部門の影響が及びにくい，とみることができます。

　FBIの組織は年度により改編が行われてきていますが，この流れは現在にも踏襲され，犯罪捜査部と研究所は別部門に所属しています[6]（図6‐2）。このような伝統はおそらく前線部隊と後方支援部隊（兵站・供給・設備・情報など）は対等の立場にあってこそ効果的に機能する，という考え方に基づいているように思われます。このような組織の形により，研究所の独自性が保証され捜査機関による不本意な影響が及びにくいと考えられます。

■ **米国科学アカデミー（NAS）による法科学への勧告**

　それにもかかわらずアメリカの地方機関の法科学研究所で鑑定結果を捜査に有利に捏造した事件[7]がありました。この件に限らずアメリカでは科学鑑定の信用性を疑う事案が問題となる現状にあり，法科学の問題点を明らかにし改善しようとする動きが起こっているのです。

　米国科学アカデミー（NAS：National Academy of Sciences）は2009年2月『米国における法科学の強化に向けて』と題する最終報告書を公表しました。笹倉香奈[8]によると，その背景にあったものは，有罪確定後のDNA型鑑定で多くの冤罪被害者が判明していたこと，法科学鑑定が必ずしも「科学的」に生み出されたものではなく経験的判断に基づいて生み出された手法であったためその限界や科学的根拠が明確にされてこなかったこと，科学的捜査の人員不足など財

政上の理由により未処理事件数が増大していたことなど、とされています。またアメリカでは各州により法科学（犯罪捜査研究所）への財政支援、研修体制、検査者の資格認証、研究所の認定のあり方などがまちまちであったことが問題となりました。

そこでNASは13の提言を行いました。その概略は次の通りです。

① 適切なデータの体系的な収集と分析に基づき、法科学を完成度の高い総合的な研究・実践分野へ発展させるため、議会は独立した連邦組織の全米法科学機構（NIFS：National Institute of Forensic Science）を設立し、適切な基金を創設すること。NIFSに常勤の管理者と諮問委員会を設置し、諮問委員会は、研究・教育、法科学、自然科学、生命科学、法医解剖学（法病理学）、工学、情報技術、評価・基準、検査・評価、法律、国家安全保障、公共政策の専門家によって構成されなければならない。NIFSの作業内容は次の通り。
・法科学の専門家や研究所の最善のガイドライン（best practice）の策定と実施
・研究所の認証、法科学者、薬物検査者、法医解剖学者の認定に関する基準を設定および当該認証・認定を行う機関の設置
・法科学・法医学の研究者による専門的審査的な査読研究と技術開発の促進
・法医解剖学を含む法科学鑑定と教育課程の改善
・法科学分野の正確な情報に基づき、DNAその他の法科学的手法に対する強力な資金援助の策定
・法科学の信用性・信頼性を向上させるため、州・地方の法科学機関、独立の研究プロジェクトや教育課程への資金援助
・大学における教育基準と法科学研修課程の認証に対する監視
・法科学とその限界について司法分野で理解を改めるための啓発教育
・科学的捜査における新規技術の導入（先行技術と新技術の比較研究を含む）に対する審査

② 科学鑑定の結果の報告や証言に用いられる標準的な用語法を確立しなければならない。また、各法科学分野でモデル報告書（鑑定書雛形）の様式を定め、最小限含まれるべき情報を明らかにしなければならない。認証・認定の条件として、研究所・鑑定職員はモデル報告書を用いなければならない。

③ 法科学における正確性・信頼性・有効性について研究が行われなければならない。よってNIFSは、以下の研究開発の査読審査に資金援助しなければならない。
・法科学の手法の有効性を明らかにするための科学的根拠を実証する研究
・法科学の手法の信頼性と正確性を定量化するための研究
・法科学鑑定の結論の不確かさを測定するための手法の開発

・法科学的技術を向上させるための自動化された手法の開発
④すべての公的な法科学研究所を法執行機関や検察庁の管理統制下から分離させるため，州や地方に与える予算を執行する権限を（議会は）NIFSに与えなければならない。
⑤NIFSは法科学鑑定における鑑定者の先入観や人為的過誤の原因に関する研究を奨励し，これらを最小限に抑えるための標準的な実施方法を確立しなければならない。
⑥NIFSが関係機関とともに法科学における信頼性・情報共有・鑑別試験法などの適正化を策定し，その諮問案を作成するため（議会は）権限と予算を与えること。この諮問案は最善のガイドラインであり研究所の認証の基準であるとともに，鑑定職員の教育・研修・資格付与の指針となるものでなければならない。
⑦研究所の認証と鑑定職員の認定は義務であって，認定されていない者が鑑定を行ってはならないし，法廷において証言を行うこともできない。公私を問わずすべての法科学研究所は認証を受けなければならない。
⑧法科学研究所は，品質保証と品質管理のための手順を策定しなければならない。
⑨NIFSは法科学分野のすべてに対する全国的な倫理規範を作り，個々の分野の鑑定職員の倫理の一環としてこの倫理規範を盛りこむようにすること。そして鑑定職員（法科学者）が重大な倫理違反をしないようこれを遵守させる体制を構築すること。
⑩法科学分野における学際的研究を発展させる目的で，奨学金制度や特別研究員制度がある大学教育課程を作るため，（議会は）NIFSに権限と基金を付与しなければならない。またNIFSは法科大学院生，法実務家に対する法教育課程を作るために，法科大学院や司法教育団体に対して支援を行わなければならない。
⑪法医学的死因究明を改善するため以下のことを行うこと。
　　・監察医制度を設立するため，（議会は）NIFSに州及び地方に基金を設立しなければならない。現在の検視官制度は廃止すべきである。
　　・法医解剖学の研究・教育・研修のため，国立衛生研究所とNIFSに基金を設立しなければならない。
　　・NIFSと国立衛生研究所は，関連機関とともに法医学と法医学的死因究明のための作業部会を設置し，ガイドライン・管理（監察）・スタッフ・教育・研修のための基準を策定し推進しなければならない。
　　・すべての監察局は認証を受けなければならない。
　　・すべての法医学的解剖は，認定された法医学者によって行わなければならない。
⑫指紋データを全国で相互利用できるような包括的な体制を構築できるよう，（議会は）NIFSに基金を設立しなければならない。NIFSはそのため以下のことを行うこと。

・自動指紋識別システム（AFIS：Automated Fingerprint Identification System）においてデータを送受信するための基準（取決め）の策定。
　　・自動指紋識別システムのアルゴリズム（照合・判定の計算方法）の基本となる指紋のマッピング（画像の重ね合わせ，特徴領域の検出）・記録方法などの基準の設定とアルゴリズムの改善などのための研究計画の策定。
　⑬議会は，NIFSに対して，国家安全保障に関わる証拠の鑑定のため予算をつけなければならない。

　以上のように，NASの報告書は科学鑑定のあり方や法科学研究所のあり方に抜本的な改善を求めるものとなっており，それにより法科学の発展を促すことで裁判事象における証拠物件の扱いの適正化を図るとことを勧告しています。その背景は前述しましたが，証拠物件への期待が大きくなって過信される状況が生まれ，これが数々の誤解を生じる結果となり，実際に多数の誤判や冤罪が明るみに出る至り，科学的証拠に対する問題意識が高まったという事情がありました。[9]

　アメリカでは科学的証拠を厳格に評価し判断する制度を採用してきたといわれていますが，そのアメリカで「科学的証拠」による誤判や冤罪が大量に発生している現状から，法律家のみによって科学的証拠の信頼性を評価することに限界があるとの考え方に基づき，法科学を強化するための新体制を連邦政府が主導しなければならないとNAS（全米科学アカデミー）は主張したのでした。

　それでは具体的にどのような問題があったのでしょうか。一つは鑑定方法の信頼性と科学的根拠の問題です。それは前述の鑑定方法の紹介で一部ふれました。最も科学性を問題視されるのは「形態による科学証拠」と言われるものです。これは形態分析に基づく鑑定ということができます。つまり，形の特徴をいくつかの型に分類しどの型に分類されるか，また照合した結果どの形にフィットするか，を判断するものです。□△○の3種の型に問題の形が合うかどうか，といった場合，丸みを帯びた四角などのような中間的な形が必ずあるもので，人によって見方が異なることがあります。さらに，よく似ているが正確に測定するとわずかに異なる，といった場合，ベテランの上司に見てもらうと「これは誤差範囲内だ」ということで同じものになってしまうことがあり，判断基準がケースバイケースになりやすいのです。このような危険性は指紋・足こん跡鑑定，筆跡鑑定，毛髪・単繊維形態，発射弾丸線条痕などの鑑定にあ

ります。実際に，FBI研究所における鑑定が誤りと判明したり裁判所で採用されなかったりした指紋鑑定があります（たとえば2004年のBrandon Mayfield事件[10]，2007年のMaryland州の事件[11]）。

　次に問題となるのは「経験による科学証拠」です。「形態による科学証拠」の判断基準は経験によることが多く両者は関係深いものといえます。「形態による科学証拠」以外でアメリカで問題になっているのは火災原因調査です。全米防災協会（National Fire Protection Association）[12][13]によると，1990年代までの火災原因調査が捜査官の経験と勘に基づくものであったため，科学的な火災原因調査の基準が設けられ，その後「放火」と判断された火災が激減した，つまり以前「放火」と結論づけられた確定判決の多くが誤りであった可能性が指摘されているのです。

　このような「経験による科学証拠」は科学的根拠に乏しいといえます。そのベテランにしかわからない鑑別方法は他の人にはできない，といった時点ですでに科学ではありません。他の複数の研究者によっても追試不能な方法は，科学的方法として共有できないのです。

　科学の根拠が未だ不明確である分野に筆跡鑑定とポリグラフ検査があります。前述のように，筆跡はその個人に特徴的という前提で行いますが，その個性が発生し常に再現されるメカニズムが神経伝達系や記憶中枢，運動神経系など根本的な解明が行われていません。単にその人の「クセ」ということで説明されます。それに本当に自分以外に自分と同じ字を書く人はいないのか。DNA型のようにその確率は高いものなのか。筆跡鑑定を証拠として公判に提出するにはこのような検討がなされなければなりません。ポリグラフ検査も同様に，質問法による刺激によって，脈波・皮膚コンダクタンス・皮膚血流量などに変化が現れる生体反応のプロセスと原理が生理学的に解明されねばなりません。

　次に誤判定が生じる原因として組織体制の問題がありました。法科学関係研究所の鑑定環境や施設の問題ではなく，組織の構成上の問題です。アメリカには連邦警察にFBI研究所があり，地方警察に犯罪捜査研究所があります。日本よりは科学鑑定の中立性が保証されているようには思えますが，捜査機関の意向が鑑定結果に及ぶことはありうる現状だったようです。実際にテキサス州警

察の犯罪捜査研究所のDNA・血清部門の研究員が，検事に有利になるように鑑定の結果を捏造した事案がありました。科学鑑定の中立性を保つには，このような影響を極力排除することが必要です。そのため，NASは「すべての公的な法科学研究所を法執行機関や検察庁の管理統制下から分離させる」ことを提言したのです。

〔註〕
1) 「平成24年警察白書概要──警察庁」（pdf資料）http://www.npa.gp.jp/hakusho/h24/Honbun/html/ot100000.html
2) 上野治男『米国の警察』良書普及会（1981）p.414
3) "Organizational Chart" FBI Home page（2010）（http://www.fbi.gov/ contact-us/fbiheadquarters/org_chart/organizational_chart）
4) 前掲註2)
5) 前掲註2)
6) 前掲註3)
7) NAS Report（2009）p.45
8) 笹倉香奈「科学的証拠の『科学化に向けて』──米国アカデミー報告書から何を学ぶべきか」浅田和茂ほか編『改革期の刑事法理論』法律文化社（2013）pp.321-346
9) 笹倉香奈「科学的証拠と誤判」法律時報85巻11号（2013）pp.103-108
10) NAS Report（2009）pp.104-106
11) State of Maryland v. Bryan Rose, Case No.K06-545
12) 前掲註9)
13) National Fire Protection Association 921, Guide for Fire and Explosion Investigation（2011）
14) 前掲註7)

7章
科捜研の中立性・信頼性を保証するために

1 科捜研の中立性に関する課題

　科学鑑定は被疑者側にも捜査側にも加担せず，ただ科学的事実に忠実に結果を述べることは科警研の法科学研修所でも教えています。当然のことながら，捜査機関の意向に沿って結果を捻じ曲げるような作為が明るみになれば，責任は鑑定した本人に帰ってくることになりますから，そのような不正をした者はその後，信用されず鑑定生命を絶たれることになります。

　捜査員や検事から誤字や脱字など明らかな間違いはともかく「鑑定結果の言い回しや変更を求められた」ということは全く無いとはいえません。そのこと自体，問題ではありますが，問題はその後です。鑑定した本人が踏み止まってそれを拒否できるかどうかなのです。迎合的な鑑定職員や自信の無い鑑定では結果が右往左往することがありうるのです。そのような鑑定職員はむしろ捜査には重宝されるかもしれませんが，心の底では捜査員に信頼されていないと見た方がいいでしょう。

　鑑定職員は捜査側からそのような申し出があった場合は，再度内容を検討しなぜこの鑑定結果に至ったかをわかりやすく説明する必要があります（説明責任）。それでも変更を迫るのであれば，鑑定した結果は自分のみが責任を持つわけですから毅然と拒否すべきです。執拗なケースでは捜査員の上司から科捜研の幹部に相談を持ちかけ変更を迫ることもありましたが，鑑定結果の責任は科捜研の上司も所長も捜査員も誰も取りえない，自分の責任で鑑定しているわけですから自分しか責任を取れないものなのです。

　証拠が重要視される昨今，唯一の鑑定資料であるような場合では，なんとし

ても良い結果が欲しいのは心情としてよく理解できますが，科学的根拠に基づき鑑定法の基準にそって行っているわけですから，反応陰性であればどうしようもなく，決して意地悪をしているわけでもないのです。たとえば覚せい剤成分の分析チャートを拡大して「覚せい剤の出る位置に小さなピークがあるではないか」と言われても，それはノイズであってピークとしては認められないものなのです。また「DNA型鑑定で微量の生体資料からなんとかDNA型を出して欲しい」として，PCRによる増幅回数を増やすように迫られても，それでは不純物（ノイズ）も増幅されて判別できなくなってしまい，そのために基準の鑑定法として最適な増幅回数が決められているのです。

2　科捜研の信頼性に関する課題

　公判において，科学鑑定が問題になるのは，鑑定資料の出所と管理の確実性，汚染の有無，鑑定における取り間違いの有無，そして鑑定書を正しく作成したものかどうか，という点に集約できます。しかし今後はそれに加え，鑑定の中身に踏み込んだ議論がなされるべきで，それによって鑑定が信頼できるものかどうかが判明するのです。

　鑑定の信頼性の向上には，次の事柄が保証される必要があります。

- ・鑑定資料が確実に現場の所定の位置から採取されたものであること（資料写真の確認）
- ・鑑定嘱託するまでに，混入物や作為などが無かったと保証できること（封印テープなどによる密封）
- ・個人の所有物で破壊など強制力を伴い採取した鑑定資料は「鑑定処分許可状」が提示されていること
- ・鑑定嘱託に当たっては鑑定資料と鑑定嘱託書が同時に提出されていること。また鑑定資料の番号と鑑定嘱託書の資料番号が整合していること
- ・鑑定方法が信頼性あるものであること（以下チェック項目）
  - □当該資料を間違いなく分析したか？
  - □科学的原理に基づいた方法であるか？
  - □鑑定方法（分析方法）がJISなどの公定法に基づいた方法であるか？または学会で認められたものであるか？［複数の審査員が論文を審査し学会誌などに掲

載された方法であること，または統一された方法であること］
- □異同識別やものの特定に関する鑑定では，比較すべき対照資料（データベース）が十分なものであるか？
- □用いた薬品が適正なものであるか？［用時調製か？消費期限を越えていないか？薬品の汚染はないか？など］
- □分析機器は定期的に点検されているか？標準品（対照資料）の分析を行うなど確認検査をしたか？
- □物の特定には原理の異なる3つ以上の分析方法で検討したか？
- □鑑定後の資料の残余は返却したか？［全量消費または返却できない場合はその理由を付記すること］
- □鑑定職員の鑑定技術能力が妥当であるか？［法科学研修所研修履歴，鑑定数，各種公的資格，学術論文・著書の有無など］
- □科捜研施設は実験・研究施設の要件を備えたものであるか？［施設内で混合汚染が生じる危険性はないか？］。

　このような分析機関や研究所の信頼性を総合的に審査し保証する機関としては，国際標準化機構（International Organization for Standardization：ISO，本部はスイスのジュネーブ）のISO9001という基準があります。これは元々，イギリスの軍隊の規格でしたがその後イギリスの品質規格となったものです。[1]現在では，国際間の貿易などの流通で製品や作物の品質を同じ基準で評価する必要性から，国内でもISO規格を取得する企業や検査機関が増えてきました。ISOはヨーロッパ発祥ですが，日本の品質管理は世界的にも高い水準にあることや，ISOの基準や文言（和訳）に不備が多いことなどから日本の工業規格（JIS）の品質基準でよいとする考え方があります。[2,3]

　法科学の分野では科学鑑定の分析方法の統一基準が未だ確定していない分野があり，科捜研職員の採用試験も各府県や専門分野で個別に異なる現実があるなど，日本全国一律に科学鑑定が行われているとは言いがたい状況にあり，どの府県でも標準的な鑑定ができる体制の構築を急ぐべきと思われます。それには警察庁・科警研のイニシアティブにより，標準的な科捜研の要件を定め，トップダウンで各府県に降ろし実現を求めることです。警察庁の指示により各府県の科捜研の鑑定環境整備を図る，つまり実験研究施設の要件を備えた施設の建築，分析機器の導入，そして科警研の指導により標準操作法（標準的な鑑定方法）を定め，各分野の技術職員の鑑定レベルの恒常的な保持を図る，などのことが

実現すれば，鑑定の信頼性が向上するものと期待できます。

3　組織改革の必要性

　科学捜査研究所は警察部内にあっても被疑者側・捜査側のどちらからも中立で，科学的に鑑定した事実のみに忠実な組織であり，またそうあるべきです。それには捜査機関から独立した機関であることが理想の姿といえます。私は現役の頃から，科学鑑定の問題点，科捜研の中立性の保証，警察予算のシステム，科学鑑定により利益を享受すべき主体などの課題で悩み，やはり科捜研は独立機関であるべきとの考えを持ちました。科学捜査が警察の捜査になくてはならない現状ではにわかには無理な話かもしれませんが，少なくとも科学鑑定をチェックする第三者機関は必要と考えています。

■ 中立性の保証

　その理由の第一は，科学鑑定の中立性を保証するためです。それにより冤罪を防止するためです。

　科捜研は警察の中にあっても中立の立場であるように努めていますが，捜査の意向を常に感じつつ鑑定しているわけです。鑑定職員によっては身の処し方も様々で，毅然と反論する者もいれば迎合的な者もいて，概して組織の力は一人一人の人間を律し大多数の方向に導いてしまうものだと感じるところです。重要な結果が出た場合は鑑定書に書面化し提出することになりますが，マイナス情報や軽微な情報は電話回答で処理することが多くあります。このような鑑定のすべての情報が捜査主管課に集約され，捜査主管課によって取捨選択されて犯人性を裏付ける情報で固めた犯人像が形成されることになります。そして他に犯人がいるのではないか，という可能性について詳細に検討し消去（潰す）していきます。犯人性を否定するマイナス情報については，犯人ならプラスと出るはずだったのに，そうではなかったわけですからその原因の検討が行われます。それは今後に生かすものなのですが，上層部への報告のための理由付けとか言い訳になってしまうことも否めません。

　このマイナス鑑定結果の検討で，「そういうこともありうる」とか「マイナスでも犯人であることに矛盾は無い」などと本来の捜査方針はゆるがない方向

で処理されがちですが，濃度計算や時間変化など詳細な科学的検討が行われるケースもあります（再現実験や文献調査など）。簡略な理由付けで済ますと後に取り返しのつかない誤認逮捕の可能性が出てきますので，鑑定した専門家の説明を求めることが肝心です。ただし問題はこの時で，鑑定職員は捜査側の誘導に乗らない注意が必要なのです。

「検出されなかった，というのは全くのゼロなのか。少しはあったのか」
「グラフでピークが無いといっても，拡大すれば確認できないか」
「予備試験で反応陽性なら，本試験でもマイナスではなく擬陽性ぐらいはいえないか」
「鑑定結果は異種となっているが，類似に近い異種とはいえないのか」

とにかく捜査員はプラスの結果は勿論，どちらとも取れないグレーな結果に持ち込もうとします。これを捜査の圧力と取るか協議検討と取るか，意見の分かれるところでしょうが，これは明らかに捜査の意向の影響を受けている実態といえます。

現在ますます捜査は物的証拠物に頼ってきていますので，鑑定への無理な要求が増えることも考えられます。これは捜査員が科学鑑定の中身と限界を認識していないことや科捜研が警察組織内にあることが原因であると思うのです。

■ 責任問題

科捜研が独立した組織であるべきことの第二の理由は，責任問題です。

科捜研は警察部内で鑑定の受け皿であると同時に責任の受け皿であると述べてきました。昨今，事件が多様化し捜査が綿密化してきており，採取される鑑識資料も増加の一途をたどっています。それらのほとんどが科捜研に鑑定嘱託されると，警察官の1％にも満たない科捜研職員がフル稼働してもとても追いつかない状況になり，未処理鑑定件数が増加することになります。そこで最も危惧されるのが鑑定資料の保管管理で，資料の紛失や汚染などがないよう点検作業をしなければなりません。

このような大量の鑑定資料が流入しないよう，入口で鑑定の必要性や鑑定の要件を審査するなどチェック機能が必要ですが，捜査のニーズをたてに訴えられれば受け入れざるを得ない現状なのです。鑑定費用が無料であることも気安く大量に鑑定嘱託できる原因です。

しかしもっと深いところには責任問題があります。
　「鑑定していない資料からDNAがでたら、あんた、責任取ってくれるのか」。
　これは資料を厳選するよう要望した時、捜査員からしばしば聞いた言葉です。つまり責任の所在の問題なのです。検出・不検出にかかわらず、採取した資料は鑑定に出したことを報告し終結しておくことが目的で、上司から問い質された時に鑑定嘱託していない場合、その捜査員は責任を問われるということなのです。
　鑑定嘱託して科捜研から鑑定資料数を減らされた、または拒否された、などのことがあれば、「科捜研の○○がこうしろと言った」と上司に報告する。鑑定ができないことがわかっていても「『科捜研に鑑定嘱託した』という事実だけでいいから受けて欲しい」と泣きつく。つまり「科捜研に鑑定嘱託したが科捜研ではできなかった」という報告がほしいわけです。鑑定の必要性をよく吟味して受けようとしても、鑑定嘱託の目的が現場捜査の責任回避のためであることがあり、話にならないことがあるのです。

■ 鑑定責任と捜査責任の分離

　鑑定嘱託の入口における責任転嫁のほかに、鑑定結果が被疑者逮捕の後押しとなった場合でも科捜研に責任が回ってくることがありえます。それは後ほど鑑定に誤りがあったことが判明した場合で、当然その責任は鑑定職員にかかってくることになります。問題は捜査側の誤認逮捕の理由説明として、「科学鑑定の結果を信用しそれが有力な証拠だったから逮捕に踏み切った」というものでこれはつまり「捜査には責任はなく鑑定受託者にこそ責任がある」と言いたいわけです。この例のように鑑定受託者は鑑定した内容については無論、責任は免れませんが、捜査上の責任も免れないのでしょうか。
　ここに私は、捜査官が科捜研鑑定をブラックボックスと見、よく理解していなかったことの責任と、鑑定職員が捜査官に鑑定内容を十分説明していなかったことの責任を読み取ります。捜査指揮官たる者は特に、科学鑑定の内容とその適用範囲をよく理解していなければなりませんし、科捜研鑑定職員は鑑定結果に対する説明責任があります。その上で捜査と鑑定の責任の所在は明確に分離すべきで、科捜研は鑑定にのみ責任を持ち、捜査主管課は捜査のすべて、すなわち鑑定結果を吟味し採用したことも含め、責任を持つべきです。

以上のように科捜研が警察内部にあることで，様々な捜査上の影響下にあることを指摘しました。このような検討結果として，科捜研の職員が鑑定に専念し科捜研の中立性・独自性を発揮するには，警察部外に出ることが最善の姿ではないかという考えに至りました。たとえば行政独立法人のような形になった場合，独立採算制などの課題があると思いますが，国民全体にとっても有利な点があるのではないかと考えます。

　それは，事件に遭遇した国民がいつでもどこでも等しく科学鑑定から得られる情報を享受できるということです。「科学捜査は誰ものか」という質問に対し今の科警研や科捜研は「国民のもの」と言えるかどうか。まさに警察の懐刀で捜査の生命線ともなってきているというのが現実ではないかと思います。これまで，そして現在も科学捜査は検察・警察の独占状態にあるといえます。弁護側が入る余地は全くありません。現在の制度では弁護側が再鑑定を科捜研に依頼する道はありえないのです。その場合は公判廷で裁判長の判断により再鑑定を命じてもらわなければなりません。したがって弁護側で鑑定する場合は，限られた証拠資料を民間の検査機関や大学に高額な費用を支払って検査しなければなりません。一方，警察では大量の資料を無料で科捜研に鑑定させることができるわけで，この落差には歴然としたものがあります。

　事実にのみ忠実である鑑定機関ならば，被害者・被疑者の立場によらず司法関係者に共有されるべきと思われます。警察部内にあるよりも裁判所の中とか，その他の独立法人に移すなどして中立性を保証し，秘密保持の職務倫理を徹底させた上で捜査側からも弁護側からも鑑定嘱託を受けることができようになれば，司法全体の利益になると考えられます。特に弁護側の科学鑑定への関心の向上により，誤判や冤罪の防止に有利と考えられ，国民の司法改革への期待に応えられるのではないでしょうか。

〔註〕
1) 河合潤「人間性（トップダウン）が分析の力を磨く」現代科学4月号（2014）pp.63-65
2) 前掲註1)
3) 河合潤「EPMAの定義と英和対訳版ISO規格へのコメント」X線分析の進歩43（2012）pp.33-48

あとがき

　私はこの著書で，科学捜査への幻想を取り除き現実の科学捜査を知っていただくため，科学捜査研究所で行われている鑑定をやや詳しく紹介しました。私の担当分野は化学でしたが，立場上，法医科の管理や各科の研究指導に携わったことも踏まえ，各科の鑑定事情を記載しましたが，専門分野からはずれるため十分な紹介はできませんでした。ご批判やご指摘は積極的に受け入れ，今後の科学捜査の発展のため有意義な議論ができれば幸いです。

　私が入所した昭和50年代は，科学捜査研究所という組織は一般にはほとんど知られていないベールに包まれた所属でした。「縁の下の力持ち」と言われ裏方であり続けてきました。しかしこの30年の間に一握りの技術者の所属は，捜査の中枢を担うようになり，市民の目に留まるようになり，社会的に広く認知されるようになってきたと感じます。これは，マスコミやテレビドラマの影響もさることながら，決して恵まれた環境ではない全国の科捜研の職員が，鑑定と研究によって着実に実力を向上させてきた結果であろうと思います。

　現在の科捜研は決して縁の下にはなく，市民からも法律関係者からもよく見える所にあります。科捜研に期待しているのは警察官だけではなくなっています。期待が大きければ大きいほど批判も多くなるのは常のことで，科捜研は鑑定の手法や組織のあり方などをよく見極め対処していかねばなりません。

　司法改革は小手先のものではなく，抜本的なものであることを認識すべきです。可視化の波は科捜研も例外ではないと思います。むしろ科捜研のような所属こそ「科学」を基礎に鑑定しているわけですから可視化を積極的に進めるべ

きでしょう。裁判員など市民からの見学の要望も大きいはずです。科学は公理・法則・理論を用いた客観的な学問で，鑑定職員しかわからない理論や文言とは相容れないものです。学識経験というと聞こえはいいのですが，それは捜査員の勘と同じように鑑定の勘，つまり第六感と大差ないと考えるべきです。学識経験には権威が付き纏います。鑑定の根拠が誰にでもわかるように説明できればいいのですが，主観的な経験の積み上げで自己流の理論を構築し鑑定に適用すれば誤鑑定の原因にもなりかねません。しかし，学識経験やその道の権威は司法界も受け入れてきたところですから鑑定人や鑑定受託者のみを責めるわけにもいきません。

　私はこの著書で実際の科学捜査を紹介することで，科学捜査に対する過大評価や誤解を戒めてきました。科学捜査で何でも解明できるような風潮に一石を投じるべく科学捜査の限界を示しました。これが法律に携わる方の認識にお役に立てば幸いですし，科捜研の鑑定技術がさらに発展し鑑定環境（予算・人事・施設）が改善されるようになればなお慶ばしいことです。

　残念ながらこれまでの科捜研の鑑定環境は，遅々として改善されない状況が続きました。これは警察全体のわずか1％程度の技術者集団の声が，99％の警察官集団の中にあってはなかなか通らないことが原因であったかもしれません。またそのような弱い組織「科捜研」へのフォローが警察全体としてできていないことが原因であったかもしれません。いずれにしても，科捜研の鑑定環境は府県でも差はありますが，府県の環境衛生研究所や民間の研究所と比較すれば，かなり見劣りするのも事実です。

　この状態がいつまでも続けば，鑑定の信頼性などの問題で犯罪捜査や公判維持にいずれ支障が生じることが懸念されます。警察内部からの鑑定環境の改善の動きが生まれにくいならば，科捜研が警察組織から出て，独立行政法人などとして再出発するほかないのではないかとすら考えてしまいます。すでにその動きは，冤罪の多発や鑑定の信頼性が問題になっているアメリカで起こっている事実は述べました。いずれ日本でも司法改革の一環として同様の課題が俎上

にのぼる日がくるのかもしれません。

　本書を作成するにあたり，立命館大学大学院法務研究科の浅田和茂教授，甲南大学法学部の笹倉香奈准教授から有用なご指導・助言をいただきました。また，法律文化社の掛川直之様には著作にあたりきめ細かいご指導をいただきました。併せて心より御礼申し上げます。

2014年8月

平岡　義博

別表1　覚せい剤・麻薬のヒト推定致死量と症状

注1　ヒト推定致死量について
（1）　mg/kg…体重1kgあたりの薬毒物の投与量（mg）
　　　（例）致死量1mg/kgの毒物なら，体重60kgの人の致死量は60mg
（2）　mg/m^3…空気1m^{3}中の薬毒物の量（mg）
（3）　ppm……100万分の1の濃度（1mg/l，1μg/ml）
（4）　ヒト推定致死量が不明な場合は動物実験のLD$_{50}$を示した
　　　LD$_{50}$（投与した試験動物のうち半数が死ぬ量）
　　　斜体数字はマウス（Mと記載）またはラット（Rと記載）のLD$_{50}$を示す。
（5）　LC$_{50}$…気体や液体の薬毒物の半数致死量（LD$_{50}$は粉末・個体状態）

注2　参考文献は「薬・毒物中毒救急マニュアル：西玲子他，医薬ジャーナル社（2003）p.419」を引用した。それ以外は次の文献に拠った。
（1）中毒ハンドブック：Robert H. Dreisbach，訳　山村秀夫，廣川書店（1984）p.577．
（2）急性中毒情報ファイル：大垣市民病院薬剤部，吉村正一郎他，廣川書店（1996）p.738．

注3　[　]は商品名，（　）は成分名または別名を示す。

	化合物	ヒト推定致死量	症　状
覚せい剤	メタンフェタミン	約120mg	動悸，頻脈，心室性不整脈，血管痛，虚脱，心筋症，心室細動，心不全による肺水腫　口渇，悪心，嘔吐，下痢，食欲不振　頭痛，めまい，発汗，散瞳，振戦，痙攣，反射亢進，攻撃性，不眠，不安，性欲亢進，幻覚，衝動行動，錯乱，急性恐慌反応，意識喪失，くも膜下出血・脳出血により死亡
	アンフェタミン	中毒量　100mg	
	4-メタアンフェタミン	100〜140mg／7錠摂取で死亡例	不穏，筋肉痙攣，不随筋の収縮，筋反射亢進，発汗，悪寒戦慄，反復性痙攣，昏迷，死亡
	3-4-メチレンジオキシメタンフェタミン（MDMA）※麻薬指定	急性心停止死亡例　血漿中濃度0.2mg/l	メタンフェタミン参照
	メチルフェニデート［リタリン］	経口（M：300mg/kg）	錯乱，激越，振戦，筋肉痙攣，発熱，全身痙攣，幻覚，妄想，不整脈，呼吸抑制
幻覚剤	LSD（リゼルギン酸ジエチルアミド）※麻薬指定		小用量（1μg/kg〜）：幻覚，幻想，恍惚感，時間・空間認識異常 大用量（250μg/kg〜）：不眠，異常感覚遅延，フラッシュバック，散瞳，分裂病様傷害

	化合物	ヒト推定致死量	症状
幻覚剤	マジックマッシュルーム（サイロシピン，サイロシン）	幻覚発現 サイロシピン:4～8mg マジックキノコ：2g	体温上昇，呼吸増加，興奮，発熱，意識障害，血圧上昇，頻脈，心拍数増加，嘔気，嘔吐，散瞳，四肢しびれ，運動麻痺
麻薬	ヘロイン（ジアセチルモルヒネ）	10～600mg	精神錯乱，脳炎，脊髄炎，神経叢炎，難聴 急性腎不全，肺動脈炎，肺炎，無呼吸，肺水腫
麻薬	塩酸モルヒネ	ヒト経口LD$_{50}$ 120～250mg	眠気，幻覚，感覚鈍麻，意識障害，針穴瞳孔，昏睡，呼吸数減少，チアノーゼ，呼吸がいびき様，肺水腫，徐脈，血圧下降，ショック
麻薬	アヘン末（主成分：モルヒネ，ノスピカン）	2～5g	
麻薬	塩酸コカイン	1.2g 中毒量 （経口）0.5g （粘膜）30mg	不安，発揚，発汗，幻覚，多弁，痙攣，悪心，嘔吐，腹痛，頻脈，血圧上昇，蒼白，散瞳，立毛
大麻	有効成分THC（テトラヒドロカンナビノール）	(M：静注 約140mg/kg)	脈拍増加，低血圧，気管支拡張，呼吸数減少，結膜充血，黄視，色覚異常，光反応鈍麻，多幸感，幻覚，錯覚，知覚・感受性の亢進，悪心，嘔吐，口渇，鼻・喉頭粘膜渇き，食欲亢進，頻尿

別表2　向精神薬のヒト推定致死量と症状

		化合物	ヒト推定致死量	症状
催眠剤	バルビツール酸系	フェノバルビタール	1.5g	頭痛，めまい，運動失調，体温低下，昏睡，抑うつ，痙攣，瞳孔収縮→散大，精神錯乱，血圧低下，末梢血管虚脱，ショック，尿量減少，心停止，低酸素血症，肺水腫
催眠剤	バルビツール酸系	ペントバルビタール	1g	
催眠剤	バルビツール酸系	セコバルビタール	2g	

		化合物	ヒト推定致死量	症　状
催眠剤	尿素系	ブロムワレリル尿素	30～50 g	頭痛，無関心，意識障害，不明瞭言語，記憶減退，情動不安，錯乱，しびれ，麻痺，知覚異常，精神機能低下，食欲不振，悪心，嘔吐，腹痛，喘鳴，呼吸抑制，口唇・耳朶・四肢のチアノーゼ，冷感，心悸亢進
抗精神病薬	フェノチアジン系	クロルプロマジン	15～150mg/kg (M: 400mg/kg)	運動失調，振戦，情動不安，痙攣，嗜眠，昏睡，眼球回転発作，舌突出発作，呼吸抑制，低血圧，頻脈，不整脈，肺水腫，悪心，嘔吐，便秘，尿閉，鼻閉，再生不良性貧血
		レボメプロマジン	(M: 375mg/kg)	
		ペルフェナジン	(M: 120mg/kg)	
	ブチロフェノン系	ハロペリドール	(M: 114mg/kg)	腕・足の凝り，頭・顔・口・頸のチック，手指のふるえ，重症の眠気，筋肉脱力感，頻脈，心室頻拍，心室細動，呼吸困難，便秘，黄疸，肺浮腫，悪心，嘔吐，胃炎，めまい
	ベンズアミド系	スルピリド	(M: 2,300mg/kg) (R: 5,800mg/kg) 文献（2）	口渇，胸焼け，悪心，便秘，振戦，筋強剛，流涎，言語障害，頸筋捻転，眼球回転，嚥下困難，口周囲の不随意運動，睡眠障害，不穏，興奮，倦怠感，頭痛，眩暈，頻脈
	ベンゾジアゼピン系	エチゾラム	(M: 4,358mg/kg)	錯乱，眠気，動揺，構音傷害，よろめき，痙攣，運動失調，睡眠障害，神経過敏，ふるえ，息切れ，異常に遅い心拍，呼吸抑制，低血圧，頻脈，悪心，嘔吐，便秘，脱力感，倦怠感，複視
		トリアゾラム	(M: 7,500mg/kg)	
		フルニトラゼパム	(M: 1,550mg/kg)	
		ニトラゼパム	(M: 1,800mg/kg)	
		ジアゼパム	(M: 720mg/kg)	
抗うつ剤	三環系	アミトリプチリン	10～210mg/kg 平均66 mg/kg (M: 289mg/kg)	頭痛，嘔気，嘔吐，傾眠，運動失調，眼振，昏睡，多動，意識障害，四肢痙攣・弛緩を伴う不随意運動，てんかん様症状，幻覚，脳障害，不整脈，心室細動，心停止，散瞳，霧視，口渇，排尿障害
		クロルプロチキセン	(M: 105mg/kg)	
		アモキサピン	(M: 155mg/kg)	
	四環系	ミアンセリン	(M: 245.5mg/kg) 文献（2）	

		化合物	ヒト推定致死量	症　状
抗うつ剤	その他	ミルナシプラン	(R：223mg/kg)	悪心，嘔吐，頻脈，高炭酸血症，意識障害
		パロキセチン	(M：385mg/kg)	めまい，不安，発熱，発汗，痙攣，昏睡，瞳孔拡大，不随意筋収縮
抗てんかん薬	ヒダントイン系	フェニトイン	2～5g (M：367mg/kg)	眼振，運動失調，振戦，反射亢進，不明瞭言語，昏睡，めまい，不眠，悪心，嘔吐，上腹部腹痛，低血圧，不整脈，呼吸抑制，再生不良性貧血
	イミノスチルベン系	カルバマゼピン	6～60g (M：3,200mg/kg)	めまい，頭痛，運動失調，傾眠，昏迷，情動不安，失見当識，振戦，不随意運動，強直性痙攣，反射異常，散瞳，眼振，昏睡，悪心，嘔吐，黄疸，不整脈，心室頻脈，心室細動，肺水腫，無呼吸，再生不良性貧血

別表3　毒物・その他のヒト推定致死量と症状

注：[　]は商品名，(　)は別名または成分名を示す。

	化合物	ヒト推定致死量	症　状
有毒塩類および金属毒	シアン化カリウム (青酸カリ)	200～300mg シアンガス： 0.2～0.3mg/l 液状HCN：0.06g	経口摂取時：にがみ，毒々しい灼けつくような味，喉のひきつりとしびれ 多量摂取時：突然意識障害，呼吸停止 [症状] 流涙，皮膚鮮赤色，皮膚汗ばみ，眼球突出，瞳孔拡大，吐物・呼気にアーモンド臭，悪心，嘔吐，頭痛，脱力，めまい，意識消失，過呼吸，呼吸困難，呼吸停止，血圧上昇，不整脈，心悸亢進
	アジ化ナトリウム	(最小致死量) 700mg (13mg/kg)	5～10mg：頭痛，発汗，めまい 40mg：めまい，動悸→痙攣，血圧低下，意識不明，呼吸不全
	フッ化ナトリウム	1～4g 文献（1）	胃酸と反応しフッ化水素酸ガス発生，嘔吐（血混じり）・腹部マヒ・下痢・心不全
	砒素	As_2O_3として120mg 文献（1）	大量摂取で激しい胃腸炎，食道痛，嘔吐，粘膜を含む夥しい水性または血性下痢，末期症状は痙攣，昏睡，循環器不全で死亡

	化合物	ヒト推定致死量	症　状
有毒塩類および金属毒	黄リン [ネコイラズ8％]	1.4mg/kg (最低致死量)	第Ⅰ病期(服用1〜2時間後)：激烈な胃腸症状(嘔吐，下痢，腹痛) 第Ⅱ病期：腹痛，嘔吐，肝・腎不全，出血傾向，心筋収縮力低下，痙攣 ※大量服用時，心不全で12時間以内死亡
金属毒	硫酸タリウム [サッソ，タリウム，タリムなど]	8〜12mg/kg	多量服用時：嘔吐，腹痛，下痢，口内炎，末梢神経炎，中枢神経障害，精神症状，脱毛，四肢の疼痛
金属毒	酸化カドミウム	2,500ppm	吸入：咽頭痛，咳，胸部異常，呼吸困難，食欲不振，衰弱，悪寒，発汗，悪心，頭痛　慢性時：腎機能障害，肺機能低下，肺気腫
金属毒	水　銀	(吸入中毒量) 1.2〜8.5mg/m³	咳，頭痛，呼吸困難，肺気腫，四肢しびれ，嘔吐，下痢，腎障害，中枢神経障害
金属毒	塩化第二水銀 (昇汞)	(経口最小致死量) 29mg/kg	腎細管壊死，急性腎不全，尿毒症，最終的に窒素血症，腎性アシドーシスで死亡
金属毒	塩化メチル水銀 (有機水銀の一種)	(R：59mg/kg)	神経障害，しびれ感，言語障害，運動失調，視野狭窄，難聴
金属毒	六価クロム (重クロム酸ナトリウムの組成元素)	(経口成人) 6〜8g	消化管の炎症，出血，出血性ショック，肺水腫，脳症，昏睡，腎・肝障害，メトヘモグロビン血症
酸	塩　酸	(経口) 10〜50ml	口腔・咽喉・食道粘膜腐蝕壊死，疼痛，灼熱感，悪心，嘔吐，吐血，腹痛，下痢　冷発汗，浅い呼吸，乏尿，腹膜炎，肝・腎障害，心臓障害 硝酸塩経口時：めまい，腹部痙攣，嘔吐，血便，全身衰弱，昏睡
酸	硫　酸	(経口) 5〜10ml	
酸	硝　酸	(経口) 3〜8ml	
酸	フッ化水素酸 (フッ酸)	(経口) 1.5g又は2mg/kg	皮膚・粘膜溶解性壊死，悪心，嘔吐，下痢，痙攣，心房細動，チアノーゼ，ショック，心停止

	化合物	ヒト推定致死量	症　状
農薬	有機リン系農薬	パラチオン［ポリドール］	成人120mg 5～6歳児　2mg 文献（1）	コリンエステラーゼ活性阻害： **軽症**：食欲不振，胸部圧迫感，発汗，流涎，嘔気，嘔吐，腹痛，下痢，倦怠感，不安感，頭痛，めまい **中等症**：軽症の諸症状に加え視力減退，縮瞳，顔面蒼白，筋線維性攣縮，血圧上昇，徐脈，言語障害，興奮，錯乱状態 **重症**：失禁，縮瞳，気管支分泌増加，肺水腫，呼吸困難，意識混濁，昏睡，体温上昇，全身痙攣，呼吸筋麻痺
		マラチオン［マラソン乳剤，マラバッサ］	4～5ｇ，文献（1）	
		ＴＥＰＰ［ニッカリンＴ］	1mg/kg 文献（1）	
	ジクワット・パラコート剤	パラコート原液	4mg/kg以下 （R：LD$_{50}$=120mg/kg） 文献（1）	第1段階（服毒直後～1日目）：激しい嘔吐，腹部不快感，下痢，粘膜炎症・びらん，食道穿孔 第2段階（2～3日目）：腎・肝機能障害，乏尿，無尿，黄疸，肺水腫 第3段階（3～10日目）：間質性肺炎，肺繊維症に至る肺機能障害 ※大量服毒（200ml以上）ショック，死亡
		ジクワット20％液	（R:LD$_{50}$=200～300mg/kg） 文献（1）	
	アミン系農薬	グリホサート［ラウンドアップ］	2ml/kg 100ml以上服用で死亡例あり	**重症**：激しい嘔吐，下痢で脱水性ショック，消化管出血，全身浮腫，昏迷などの意識障害，乏尿，無尿，肺水腫，血圧低下
	カルバメート系農薬	メソミル［ランネート］	（R：♂LD$_{50}$=50mg/kg）	コリンエステラーゼ活性阻害： 　有機リン系農薬と同様であるが，有機リン系農薬より早く発病，回復も早い。 **重症**：意識混濁，対光反射消失，全身痙攣
		オキサミル［バイデート］	（R：♂LD$_{50}$=31.7mg/kg）	
	塩素系農薬	ＤＤＴ	0.4g/kg 文献（1）	**重症**：意識焼失，強直性および間代性痙攣発作，呼吸抑制，肝・腎機能障害，肺水腫，中毒初期に頻脈 ※左欄の農薬はすべて製造中止
		γ-ＢＨＣ［リンデン］	7～15g	
		エンドリン	14.2～48.8mg/kg	
		ディルドリン	65mg/kg	
	他	天然ピレスロイド剤（除虫菊）	50g以上	**軽症**：全身倦怠感，筋痙攣，運動失調 **中等症**：興奮，手足振戦，唾液分泌過多 **重症**：間代性痙攣，呼吸困難，失禁

別表

		化合物	ヒト推定致死量	症　状
化学兵器（神経剤）	サリン		（吸入）　100mg/m³ ヒト皮膚曝露最小致死量 ＝0.01mg/kg（皮膚に少量付着しただけで死亡）	コリンエステラーゼ活性阻害： 初発症状：鼻水，眼の前が暗い，物がぼんやり見える，眼痛，息苦しい，咳，くしゃみ 中毒症状：初期症状に加え，視野が狭い，喉頭痛，脱力感，歩行困難，四肢しびれ，悪心，嘔吐 他覚的所見：縮瞳，視野狭窄，呼吸困難，筋痙攣，意識障害，心肺停止，呼吸停止
	ＶＸ		ヒト吸入致死量LC_{50} ＝70mg/m³ 文献（2）	
	ソマン			
	タブン		（吸入）　400mg/m³	
有害ガス	一酸化炭素		血中一酸化炭素ヘモグロビン濃度＝60〜70% 1,000ppmで1時間以内に死亡	初期症状：頭重感，頭痛，呼吸困難，不快，倦怠感，嘔気，めまい，耳鳴，四肢痛，筋硬直，顔面紅潮，発汗，点状・斑状発赤 昏睡状態の後：回復しながら，2〜4週間後に突然，錯乱，行動異常などが出現
	二酸化炭素		25%以上 最低毒性濃度＝2%	空気中濃度3〜10%：呼吸困難，頭痛，めまい，嘔吐 10〜25%：視力傷害，痙攣，過呼吸，血圧亢進，意識消失 25%〜：中枢神経抑制，昏睡，痙攣，窒息死
	硫化水素		700ppm	0.1ppm：腐乱臭 50〜150ppm：嗅覚疲労 150ppm：不快，頭痛，胸部圧迫，倦怠感 250〜600ppm：眼・鼻・咽喉粘膜の灼熱性疼痛，めまい，興奮，嘔気，胃腸障害，冷汗，下痢，呼吸困難，昏睡，意識不明 700ppm：徐脈，頻脈，過呼吸，虚脱，呼吸麻痺，30〜60分で死亡
	二酸化イオウ（亜硫酸ガス）		400〜500ppm （硫化水素発生事案で同時に発生）	6〜12ppm：不快感，鼻・咽頭の刺激・咳 20ppm：流涙，結膜炎，ひどい咳 30〜40ppm：呼吸困難，気道浮腫 50〜100ppm：生命の危険 400〜500ppm：窒息死，上気道炎症性潰瘍，呼吸麻痺，チアノーゼ，意識不明

		化合物	ヒト推定致死量	症　状
天然毒	植物毒	トリカブトの根（アコニチン）	3〜4mg	症状発現は10〜20分以内, 2時間(30分〜6時間)で呼吸虚脱により死亡。悪心, 嘔吐, 下痢, 口唇しびれ, 口内咽頭灼熱感, めまい, 散瞳, 唾液分泌亢進, 心悸亢進, 徐脈, 不整脈, 血圧降下, 胸痛, 心房ブロック, 心室細動, 呼吸困難, 肺浮腫, 視力・聴力・言語障害, 意識消失, 全身痙攣, 虚脱症状, 呼吸麻痺
		ハシリドコロ（アトロピン）	種子や葉, 2〜3個で中毒	口渇, 嚥下困難, 不安, 興奮, 失見当識, 痙攣, 散瞳, 視力障害
		マチンの種子（ストリキニーネ）	ストリキニーネ15〜30mg 文献（1）	膝の硬直, 手足に伸展筋痙攣, 中毒が進むと痙攣の程度と頻度が増加, 持続的な弓反り緊張となる。呼吸不全により死亡
	魚毒	フグ毒（テトロドトキシン）	約2mg（クサフグ, コモンフグの肝臓約2g）	発症は20分〜3時間, 4〜6時間で死亡 1度：口唇・舌端・指先の知覚麻痺, 歩行失調, 脱力, 違和感, まれに嘔吐 2度：知覚鈍麻進行, 筋弛緩, 発声困難, 血圧降下 3度：全身麻痺, 呼吸抑制, 反射消失 4度：意識障害, 昏睡, 呼吸停止
医薬品		インスリン製剤	(*M：皮下LD* = *1.5〜1単位/kg*) 文献（2）	中毒症状＝低血糖症状 悪心, 嘔吐, 空腹感, 頭痛, 催眠, 倦怠感, あくび, 言語障害, 脱力感, 記憶低下, 錯乱, 神経過敏, 不安感, 異常行動, 冷汗, 頻脈, 低血圧, めまい, 皮膚蒼白, 目の前が暗くなる・二重に見える, 手指の振戦, 痙攣, 意識障害
医薬品・その他		塩化スキサメトニウム[サクシン注射液, レキシン注射液]	(*M：静注LD$_{50}$* = *0.43mg/kg*) 文献（2）	心調律異常, 心停止を引き起こす。眼圧・腹腔内圧の上昇, 横紋筋の破壊, 希に腎不全, 徐脈, 気管支痙攣, 循環虚脱で低血圧に
		硫酸サルブタモール[ベネトリン]	(*M：経口LD$_{50}$* = *4,620mg/kg*) (*R：LD$_{50}$ = 2,500 mg/kg以上*) 文献（2）	悪心, 嘔吐, 胃痛, 下痢, 舌潰瘍, 口渇, 頭痛, めまい, 顔面紅潮または蒼白, 神経過敏, 情緒不安, 不穏, 不眠, 脱力感, 振戦, 運動失調, 心悸亢進, 頻脈, 胸痛, 血圧変動, 失神発作, 狭心症発作, 心筋梗塞, 不整脈, ショック

別表

分類	化合物	ヒト推定致死量	症状
医薬品・その他	ニトログリセン	中毒量 5mg ($M：500mg/kg$)	頭痛，めまい，昏睡，呼吸麻痺，悪心，嘔吐，食欲不振，動悸，血圧低下，チアノーゼ，ショック，紅潮，皮膚冷感
医薬品・その他	カフェイン	10g 致死血中濃度は 80mg/l ($M：200mg/kg$)	悪心，嘔吐，腹痛，頭痛，めまい，振戦，痙攣，昏睡，頻脈，血圧上昇，心室細動，心配停止，筋繊維痙縮，電解質消失，呼吸促進，呼吸麻痺，瞳孔散大，うわごと
消毒液	クレゾール	成人 1～10g 子供50～500mg	口腔・咽喉の灼熱感，疼痛，嘔吐，下痢，吐血，肝細胞障害，頻脈，ショック，中枢神経を興奮，意識障害，痙攣，メトヘモグロビン血症，腎不全，呼吸麻痺・心停止
消毒液	塩化ベンザルコニウム［オスバン液］	1～3g	コリンエステラーゼ活性阻害 口腔・咽喉の灼熱感，悪心，嘔吐，下痢，便秘，腎不全，ショック，不穏，昏迷，痙攣，脱力，筋弛緩，呼吸筋マヒ，意識障害，チアノーゼ，窒息，喉頭浮腫，肺水腫，多尿
家庭用品	次亜塩素酸ナトリウム［4～12%液：ブリーチ，ハイター，ブライト，ベビーハイター］	幼児経口5％水溶液で 15～30ml（誤飲→口腔内に塩素臭あり）	（吸入）気道粘膜の刺激，疼痛，激しい咳，肺浮腫，しわがれ声 （経口）喘鳴を伴う咽頭・声門・喉頭の浮腫，胃刺激による悪心，嘔吐，まれに胃・食道の穿孔，重症でチアノーゼ，循環不全，錯乱
家庭用品	タバコ（ニコチン）	成人：30～60mg（約2本） 幼児：10～20mg（約1本）	**軽症**：口腔・食道・胃粘膜の灼熱感，唾液分泌増加，嘔吐，めまい，頭痛，顔面蒼白 **重症**：振戦，激しい下痢，冷汗，錯乱，虚脱，聴力・視力障害，呼吸筋麻痺 ※大量摂取では麻痺・虚脱から瞬時死亡
家庭用品	マッチ（塩素酸カリウム）	（経口）5～10g	多量飲下：嘔吐，下痢，腹痛，溶血，メトヘモグロビン血症，肝・腎障害，痙攣，チアノーゼ
家庭用品	ガスライター（液化ブタン）	（$R：4$時間吸入 $LD_{50}=658g/m^3$）	めまい，頭痛，眠気，精神錯乱，意識消失，痙攣，悪心，嘔吐，頻脈，不整脈，血圧低下，過換気，チアノーゼ，心停止

	化合物	ヒト推定致死量	症　状
家庭用品	オイルライター（ベンジン：主成分 n-ヘキサン, n-ブタン）	（経口）10〜100ml（吸入）30分〜1時間で25〜30g/m^3	（経口）灼熱感, 吐気, 嘔吐, 腹痛, 下痢, 血便, 気化し吸気中濃度上昇し酸素欠乏 （吸入）頭痛, めまい, 運動失調, 耳鳴, 発熱, 胸骨下痛, 咳, 興奮, 錯乱, 痙攣, 意識障害, 昏迷, 昏睡, 呼吸不全または突然の心室細動により死亡
	メチルアルコール	60〜250ml 文献（1）	**軽度**：疲労, 頭痛, 嘔気, 一過性霧視 **中程度**：激しい頭痛, めまい, 嘔吐, 視力が一時的または永久的に減退 **重症**：アルドーシスによる浅い呼吸, チアノーゼ, 瞳孔散大, 昏睡, 呼吸不全

別表

事項索引

あ 行

アヘン　051
アンフェタミン　047
意見趣意書　019
イタイイタイ病　060
一次捜査権　002
遺伝的アルゴリズム　103, 105
異同識別　077
医用ポリグラフ　106

か 行

解剖謝金　027, 128
科学警察研究所　004, 023, 024, 130
ガスクロマトグラフィー（GC）　076, 077, 115
ガスクロマトグラフ質量分析法（GCMS）　050, 076
カチノン　048
火流　097
鑑識資料　010, 113
鑑定受託者　007, 008, 017, 018, 143
鑑 定 書　008, 013.017, 026, 042, 087, 115, 125, 133
鑑定嘱託書　015, 113, 114, 115, 139
鑑定処分許可状　008, 039, 084, 139
鑑定人　007, 008
鑑定ノート　125
鑑定メモ　125
協力援助部門　131, 132
経験による科学証拠　136
形態による科学証拠　135, 136
血こん　031, 033
ケミカルドラッグ　052, 053
検証許可状　008
減衰曲線　072, 073
顕微分光光度計　087, 088

絞殺　082
公判維持　017, 020, 021, 118
コカイン　051
国際標準化機構（ISO）　140
コリンエステラーゼ活性阻害　060, 062, 063, 074

さ 行

裁決質問法　108
索状痕　083
参考人　003
指紋識別システム　012, 135
証拠資料　010
証拠資料化　015, 113
証拠資料管理センター　118
証人尋問　018
資料　010
人的証拠（人証）　002
赤外線分光光度計（IR）　076
説明責任　008, 091, 138, 143
線条痕　098, 099, 100, 101
全米法科学機構（NIFS）　133
捜索差押令状　009

た 行

対照質問法　108
第二水俣病　059
大量一括方式　023, 117, 124
痴漢事件　088, 090
致死量　148
中立性　123, 137.138, 141
テトラヒドロカンナビノール　049
トラッキング現象　096, 098

な 行

ナチュラルドラッグ　052
日本法科学技術学会　023

ノックダウン現象　066

【は　行】

薄層クロマトグラフィー　050, 115
比較顕微鏡　099, 100
被疑者　003
被疑者DNA型記録　039, 040, 041, 127
ひき逃げ事故　080, 100
被告人　003, 017
被告人質問　018
非受益者負担　127
標準操作法（SOP）　121, 140
フーリエ変換型赤外線分光光度計（FTIR）
　　085, 087
付属鑑定所　004
物的証拠（物証）　002, 079
フラグメントアナライザー　035, 038, 042
米国科学アカデミー（NAS）　132, 135, 137
ヘマシーン試薬　031
ヘロイン　051
変死者DNA型記録　040, 041
法科学研修所　004, 021, 138
補充捜査　002

【ま　行】

水俣病　059
メタンフェタミン　047
メチルフェニデート　048
メトヘモグロビン　058

モルヒネ　051

【や　行】

扼殺　083
容疑者　003, 108

【ら　行】

ラッシュ　052, 053
リタリン　048
ルミノール法（反応）　030, 031
ロイコマラカイトグリーン法　031

【ABC】

chain of custody　116
FBI研究所　130, 131
FBI組織図　131
GCMS　050, 076, 115, 126
JIS　087, 140
LD_{50}　148
LSD　051
MCT118法　041
MDMA　048, 051
PCR　035, 037, 042, 139
ppm　148
SOD酵素阻害　061
STR　041, 042
THC　049, 051, 052
X線マイクロアナライザー　007, 088, 100

事項索引

■著者紹介

平岡 義博(ひらおか・よしひろ)

　　1951年生．名古屋工業大学大学院工学研究科修士課程修了．理学博士（大阪市立大学）
　　京都府警察本部科学捜査研究所にて，化学科長，調査官，主席研究員等を歴任．
　　現在，京都産業大学非常勤講師

〔主要業績〕

　『道路堆積物による都市環境の評価――環境地質学と法地質学への応用』(地学団体研究会, 2005年)
　『土の分析法――科学捜査と環境地質への応用』(愛智出版，2011年)
　『人類自然学――地層に記録された人間の環境の歴史』(共立出版，2007年／共著)

Horitsu Bunka Sha

法律家のための科学捜査ガイド
―― その現状と限界

2014年10月1日　初版第1刷発行

著　者　　平　岡　義　博

発行者　　田　靡　純　子

発行所　　株式会社　法律文化社

　　　　　〒603-8047
　　　　　京都市北区上賀茂岩ヶ垣内町71
　　　　　電話 075(791)7131　FAX 075(721)8400
　　　　　http://www.hou-bun.com/

＊乱丁など不良本がありましたら，ご連絡ください．
　お取り替えいたします．

印刷：西濃印刷㈱／製本：㈱藤沢製本
装幀：谷本天志
ISBN 978-4-589-03622-3
Ⓒ 2014 Yoshihiro Hiraoka Printed in Japan

JCOPY　〈(社)出版者著作権管理機構　委託出版物〉

本書の無断複写は著作権法上での例外を除き禁じられています．複写される
場合は，そのつど事前に，(社)出版者著作権管理機構（電話03-3513-6969,
FAX03-3513-6979, e-mail: info@jcopy.or.jp）の許諾を得てください．

村井敏邦・後藤貞人編
被告人の事情／弁護人の主張
―裁判員になるあなたへ―
A5判・210頁・2400円

第一線で活躍する刑事弁護人のケース報告に，研究者・元裁判官がそれぞれの立場からコメントを加える。刑事裁判の現実をつぶさに論じることで裁判員になるあなたに問いかける。なぜ〈悪い人〉を弁護するのか。刑事弁護の本質を学ぶ。

西日本新聞社会部著
ルポ・罪と更生
四六判・268頁・2300円

捜査・公判・刑罰の執行・更生など，刑事司法の全過程を概観。取材班渾身のルポを中心に，基礎知識についてもわかりやすく解説。リアルな現場を徹底取材した大好評連載「罪と更生」の書籍化。司法福祉の入門書としても最適。

前田忠弘・松原英世・平山真理・前野育三著
刑事政策がわかる
A5判・222頁・2300円

刑事政策学の基本問題にとどまらず，思想的・政策的・実務的な課題について，論点を精選してコンパクトにわかりやすく解説。〈厳罰化・社会防衛・監視〉と，〈適正手続・自由・人権〉，〈共生〉という対抗軸のなかで現状と課題を考える。

加藤幸雄・前田忠弘監修／藤原正範・古川隆司編
司法福祉
―罪を犯した人への支援の理論と実践―
A5判・240頁・2900円

刑事政策と社会福祉との専門性を活かし，罪を犯した人びとの社会復帰を支援するためのガイドブック。実務的な視点を重視し具体的なケースを用いてわかりやすく解説。社会福祉士国家試験科目「更生保護制度」にも対応。

藤田政博編著
法と心理学
A5判・286頁・2800円

目撃証言や供述分析，さらには犯罪心理学や被害者，民事訴訟に関する研究などを体系的に解説したテキスト。法や裁判を舞台に，心理学の理論と研究方法をどのように適用するのか。法律家やジャーナリストに必携の1冊。

浅田和茂・葛野尋之・後藤昭・高田昭正・中川孝博編集委員
〔福井厚先生古稀祝賀論文集〕
改革期の刑事法理論
A5判・568頁・14000円

「未決拘禁制度改革の理論」を中心に，「刑事訴訟法・警察法」「刑法・刑事政策」にも目配りし，刑事司法改革を総合的に考察。裁判員裁判を機に激動する実務を踏まえ，新時代の刑事法理論の来し方行く末を批判的に論じる。

―法律文化社―

表示価格は本体（税別）価格です